AF364082

SEURAT

DU MEME AUTEUR

Les Féeries de Paris (*Couverture de R. Carabin*). (Ep.).
Les Soupeuses (*Dessins de George Bottini*). (Epuisé).
Le vrai J.-K. Huysmans (*Portrait par J.-F. Raffaëlli*).
Henri de Toulouse-Lautrec (*Avec reproductions*). (Ep.).
Le vrai Rodin (*Avec reproductions*).
Paris, voici Paris! (*Couverture de Sacchetti*).
Cubistes, Futuristes, Passéistes (*Avec des reproductions*).
   (Nouvelle édition.)
Rodin (*Grand album, avec illustrations*). (Epuisé).
Rodin a l'Hôtel Biron et a Meudon (*Avec reproduc-
   tions*). (Epuisé).
Paul Cézanne (*Avec reproductions*).
Les Indépendants (*Avec reproductions*).
Vagabondages (*Edition in-16*).
Vagabondages (*Edition de luxe, avec illustrations*).
Lautrec (*Avec reproductions*).
Les Pantins de Paris (*Avec des dessins de Forain*). (Ep.).
Pierre Bonnard (*Avec reproductions*).
Vincent Van Gogh (*Avec reproductions*).
Degas (*Avec reproductions*).

THÉATRE
(*Seul ou en collaboration*).

M. Prieux est dans la salle!
Deux heures du matin... quartier Marbeuf (*Couverture
   de Géo Dupuis*).
Hotel de l'Ouest... Chambre 22.
Une nuit de Grenelle (*Couverture de Géo Dupuis*).
Sainte Roulette.

GUSTAVE COQUIOT

SEURAT

AVEC 24 REPRODUCTIONS

1924

ALBIN MICHEL, ÉDITEUR
22, RUE HUYGHENS, PARIS

Aux peintres

Charles Angrand, Aman-Jean

et Paul Signac, qui furent les

amis fidèles de Georges Seurat.

I

Le Milieu

LE MILIEU

Le dixième arrondissement, à Paris, est peut-
être très important — et parfaitement organisé,
comme dirait un de ces esprits utilitaires qui
ont réponse à tout ! — oui, il est, peut-être, un
arrondissement modèle avec ses six théâtres et
ses deux portes décoratives Saint-Martin et
Saint-Denis, avec ses deux casernes, avec ses
trois hôpitaux sans compter une maison municipale de santé, avec ses deux gares, ses trois
églises, ses écoles Colbert et Bernard-Palissy,
— avec sa prison Saint-Lazare où l'on trouve
les seules filles qui ne cultivèrent point les bra-
guettes ploutocratiques ; — oui, ceinturé par
les grands boulevards, la rue du Faubourg Pois-
sonnière, les boulevards de la Chapelle et de la
Villette, enfin par le faubourg du Temple, ce
dixième arrondissement est peut-être un arron-

dissement dont Paris se montre fier, comme on se pavoise de certaines plaques de pourriture; mais, pour moi, comme il suinte l'ennui, comme il est morne bien qu'affairé, funèbre quoique bruyant, ce laid, ce hideux arrondissement!

Sans doute, sans doute, il recèle des coins plaisants, de possibles repos, comme le long de ce canal Saint-Martin, dont les berges, par endroits, malgré leurs noms de batailles : Jemmapes et Valmy, donnent à « vacher » aux voyous et aux voyoutes du quartier; — sans doute, le long de cette partie des grands boulevards, les vieux théâtres qui subsistent évoquent, dans l'ordure des anecdotes, quelques souvenirs au parfum louable; — certes, encore, quelques étroites rues chancissent et vivent tranquilles; — enfin, on peut être secoué du fracas des deux gares : l'Est et le Nord; la gare du Nord qui vous emporte vers de pacifiques Hollandes et d'inquiétantes Russies; — mais, pouvez-vous suivre, sans pleurer, le lourd boulevard de Magenta, le long boulevard de Strasbourg, l'interminable rue de La Fayette et errer autour de ce lugubre hôpital Saint-Louis, où la maladie elle-même a de nouveaux sursauts d'épouvante?

Entrez dans cet arrondissement, traversez-le, mais n'essayez point d'y vivre. Paris n'est point ici. Il n'est presque nulle part, d'ailleurs, actuellement, avec toutes ces banques qui surgissent partout, dressent de hideux effrois de la pierre ou du ciment armé. Assurément, puisqu'il est bien établi que tous les architectes du monde sont d'actifs nigauds, nous devons nous résigner à défiler désormais entre des haies de faux Parthénons; mais, cependant, il est des avenues où le commerce a des soucis de luxe; et, il est possible, à la rigueur, d'y aventurer ses pas; tandis que, toutes ces rues du dixième arrondissement sont-elles assez froides, hostiles, noires; et suent-elles assez tous les vices étroits, toutes les passions constipées de ces marchands de lits-cages, de verreries odieuses, de grains de café; et comme ils ont eu raison, tous ces vendeurs et regrattiers d'appeler leur arrondissement : l'arrondissement de *l'Entrepôt*; — oui, odeurs de rats, de moisissures, d'ennui et de ces tristes papiers qu'on appelle « effets de commerce »!...

Une rue, dans ce cloaque, est particulièrement aigrie et nauséabonde ; c'est la rue de Bondy. Elle perçut autrefois les échos des spectacles à panache, le fracas des rapières, les prestes invectives et les sanglantes répliques qui étaient autant de froissements d'épée ; hélas ! temps disparu — et à jamais regrettable — du théâtre historique et héroïque ; — moment aussi des vastes drames populaires, qui vous arrachaient des larmes, du rire, de l'effroi, de l'enthousiasme ; — moment enfin de l'apogée de ce théâtre : *l'Ambigu-Comique*, sombré maintenant dans le dévoîment, dans la foirade, dans le vomissement des pièces de ces messieurs Gavault.

Or, dans cette rue de Bondy, vivait, en l'année 1859, un couple singulier.

L'homme s'appelait Chrysostome-Antoine Seurat ; il était originaire de la Champagne. La femme (de son nom de jeune fille : Ernestine Faivre), était née à Paris.

L'homme était froid, même rigide. Sa fonction l'avait encore roidi. Il était huissier à la Villette. Voulait-on essayer de lui plaire, on

l'appelait « Monsieur l'officier ministériel ».
C'est un qualificatif dont s'affublent volontiers
les huissiers, — ces bas valets de la Force ! —
mais si ce qualificatif plaît à messieurs les huissiers, il ne parvenait pas à dérider durant une
seconde l'homme à la petite cravate qui glaçait
encore de noir l'humble rue de Bondy. A la
suite d'un accident, on avait été contraint de
couper un bras à cet homme, — le bras droit ;
et le manchot portait au bout de son moignon
un crochet en fer, dont il se servait très adroite-
ment pour bien des offices. Ainsi, au bout de ce
crochet en fer, il offrait les tranches de gigot
qu'il venait de découper lui-même ; et cela faisait passer une courte lueur de gêne dans les
yeux des convives.

La femme était douce, tout entière sous les
regards de son mari ; — et tous ses propres
actes, les plus insignifiants, ne devenaient
valables que lorsqu'ils avaient été examinés,
mesurés, dosés par « Monsieur Seurat ».

Le couple était singulier par ceci : c'est que
l'homme vivait presque hors de son logis, sans
prétexte d'une autre femme, simplement par
goût de la solitude ; — mais il assurait le

domicile légal d'un confortable de bon aloi.

Le sieur Jules Christophe qui a publié dans « *Les Hommes d'aujourd'hui* », vers 1890, une notice consacrée à Georges Seurat (le peintre) dit que « l'officier ministériel » cultivait aussi un jardin « en province » (*sic*). En province ! il faut lire simplement au Raincy.

Le Raincy, presque à une porte de Paris, — au-dessous de la forêt de Bondy, et entouré par Villemomble, Gagny, Bondy, etc., — Le Raincy, qui a fortement grossi et grandi, était, vers 1850, un village abritant tout au plus une soixantaine d'habitants, et dépendant de la commune de Livry (Seine-et-Oise). Ses « sites riants » (style de l'époque) avaient été mis à la mode, dès 1785, par le duc d'Orléans, Madame Tallien et cette parfaite « gniolle » que fut la Récamier. Un château, construit par l'architecte Le Vau, pour Jacques Bordier, Conseiller du Roi et Intendant des Finances, dominait le fastueux parc, qui, morcelé, dès 1852, attira aussitôt les Parisiens, ces charançons de toutes plaisantes verdures.

En achetant château et parc aux héritiers de Jacques Bordier, Louis-Philippe-Joseph, duc d'Orléans ou Philippe-Égalité, commença le premier, des « embellissements », des « améliorations », qui réduisirent le parc à une sorte de jardin anglais, aux « multiples effets pittoresques! » Ce sont ces effets pittoresques d'arbres que l'abbé Jacques Delille a célébrés dans les vers suivants de son poème des *Jardins* :

..... « Là, j'aime voir dans l'onde
Se renverser leur cime, et leurs feuillages verts
Trembler du mouvement et des eaux et des airs.
Ici, le flot bruni fuit sous leur voûte obscure;
Là, le jour par filets pénètre leur verdure.
Tantôt dans le courant ils trempent leurs
[rameaux,
Et tantôt leur racine embarrasse les flots.
Souvent d'un bord à l'autre étendant leur feuil-
[lage,
Ils semblent s'élancer et changer de rivage.
Ainsi l'arbre et les eaux se prêtent leurs secours :
L'onde rajeunit l'arbre, et l'arbre orne son cours;
Et tous deux, s'alliant sous des formes sans
[nombre,
Font un échange aimable et de fraîcheur et
[d'ombre. »

Touchant abbé! Vers attendrissants!

Ils enthousiasmèrent l'huissier de la Villette. Un jour, il partit à la découverte du Raincy, qui est, en droite ligne, à 8 kilomètres des murs de Paris. Le Raincy découvert, élu, l'huissier y acheta une maison, un jardin; et, lui aussi, comme Philippe-Égalité, père de notre bon roi Louis-Philippe, il améliora le tout. Quand il ne procédait pas à des ventes ou saisies, il vivait là-bas, donnant son temps à la culture des fleurs, en compagnie d'un jardinier, qui lui servait aussi d'une manière d'enfant de chœur, alors qu'il voulait dire la messe dans le sous-sol de sa maison des champs.

Car, l'huissier était fort bigot; et, naturellement, au Raincy, on répétait de cela qu'il était un peu « piqué ».

Pour ces paysans banlieusards, il collectionnait peut-être aussi avec trop d'avidité les images religieuses. Il y en avait plein la villa — et aussi dans l'appartement à Paris. Images tombant au hasard des publications Mame aussi bien que de la maison Pellerin, à Épinal. Vierges portant l'Enfant-Jésus; Christ dont le cœur tout sanglant saigne sur des drape-

PORTRAIT DU PEINTRE AMAN-JEAN (DESSIN)

ries ; — sainte Anne qui vient de quitter son lit ; — sainte Catherine qui se promène sur sa terrasse ; — saint Nicolas, tout mitré et tout crossé, protégeant des petits garçons tous nus qui piaffent dans un bain ; saint Nicolas, encore, revenant appeler les petits garçons qui ne veulent pas sortir de leur baquet ; saint Nicolas, enfin, tout fâché cette fois, et maudissant les gamins, qui, toujours dans leur baquet, supplient qu'on ne les abandonne pas ; — et c'était, couronnant le tout, le « Miroir du pécheur », où l'on voit « l'état d'un homme qui se convertit à Dieu et l'état d'un homme retombant dans le péché mortel ».

Toutes ces images, présentées avec la plus totale naïveté : sottes, banales, quand elles sortaient de la maison Mame, à Tours ; attirantes, pleines de foi humble, quand un pauvre xylographe de chez Pellerin les avait gravées, l'huissier les gardait donc dans des cartons, en fixait sur les murs, ne vivait vraiment qu'en leur compagnie, — indifférent au tapage de ce boulevard du Temple ou du Crime, tout secoué alors de ses théâtres où tout se représentait : drame, pantomime, où des singes faisaient vis-à-vis aux banquistes ; — tandis que les parades hurlaient, glapissaient, étourdissaient, vous prenaient aux omoplates et, à grands coups de pied dans le derrière, vous poussaient sous des toiles ou sous de fastueux lambris.

Or, on en était là, le 2 décembre 1859, quand, presque humblement et toute confuse de l'événement, la femme de cet huissier peu incommodant, dont j'ai à peine esquissé — volontairement — le très compliqué portrait, se décida à mettre au monde, rue de Bondy, un enfant qui allait devenir le peintre Seurat.

L'huissier, soudainement, jugea alors l'appartement de la rue de Bondy trop exigu — et trop noir ; et il prit un appartement plus à l'aise et plus clair au nº 110 du boulevard de Magenta. Ce boulevard venait tout nouvellement d'être baptisé et prolongé jusqu'à la place du Château-d'Eau, aujourd'hui place de la République. C'est là, rappelez-vous, que s'affaisse le hideux et colossal « encrier » édifié par un sieur Morice, — et qui « remplace » la fontaine du Château-d'Eau, — que l'on doit tout de même regretter sur la simple description suivante : « Cette fontaine construite sur les dessins de Girard en 1811, avait pour base un bassin de treize mètres de rayon, d'où montaient en gradins trois autres bassins concentriques, couronnés par une double coupe en fonte composée d'un piédouche et de deux patères d'inégale grandeur, qu'un fût séparait l'une de l'autre; de la partie supérieure, jaillissait une gerbe qui retombait en cascade jusque dans le dernier bassin, d'où les gueules de huit lions de fonte lançaient des jets d'eau ».

L'huissier, sans tarder, réinstalla, boulevard de Magenta, ses meubles d'acajou — meubles point très beaux, peut-être, mais solides! —que l'on doit au règne de Louis-Philippe; et, avec grand soin, il transporta dans ses nouveaux pénates ses pieuses images.

Aussi bien, il ne s'éloignait guère de son ancien domicile. On s'éloigne difficilement, quand on a le choix des logis, d'un ancien domicile. On a contracté des « habitudes de quartier »; on a pris l'habitude de suivre certaines rues; on aime certaines boutiques, des aspects de maisons; on est comme des citoyens distingués, considérés, honorés, du quartier; on sait d'avance un peu ce que l'on y verra, ce que l'on y découvrira; on va devant soi, sans crainte de tomber dans un puits; on s'intéresse à de simples travaux de voirie qu'une administration vous impose pour votre bien-être; un changement de propriétaire, dans un café, c'est tout un événement; même si vous êtes un joueur ou un simple habitué de ce café, cela touche au drame; on installe un bureau de poste, grande joie; un emballeur apporte-t-il ses caisses et son vacarme, grande peine; mais si c'est un pharmacien, vous saluez de cris joyeux ses trois bocaux : le vert, le rouge et le bleu!

Pour rien au monde, l'huissier, quant à lui, n'eût absolument quitté *son* dixième arrondissement. C'est entendu, il vivait surtout à la Villette, et tout le temps, et tout l'été, et l'automne au Raincy; mais son domicile légal, *son* foyer, se trouvait boulevard de Magenta. Avait-il une indisposition? Souffrait-il? Avait-il besoin de soins spéciaux? Il revenait alors auprès de sa femme; et il ne regrettait à ce moment-là ni son cabinet de la Villette — où une chambre était installée — ni sa villa du Raincy. Cet homme méthodique s'appuyait ainsi sur des habitudes régulières ; et il eût été marri, d'ailleurs, que sa femme en supportât une gêne.

Par bonheur, cette femme pouvait vivre — paisiblement — dans ce milieu sans gaîté qu'il avait créé. Elle avait deux autres enfants : un garçon et une fille. Elle se donnait tout entière à eux. Elle les instruisait et elle les promenait dans ce parc des Buttes-Chaumont, que l'ingénieur Alphand avait offert aux Parisiens le jour inaugural de l'exposition de l'année 1867. Ponts suspendus, lacs, grottes, jusqu'à un temple de la Sybille, semblable à celui de Tivoli en Italie ; tout cela enlevait aux habitants du quartier les odieux et malodorants souvenirs du Montfaucon ancien, au temps des gibets. Par la rue du faubourg Saint-Martin, on arrivait à la rotonde de la Douane de la Villette ; et la rue Secrétan (ancienne rue de Puebla), aboutissait à une des cornes du parc.

C'était la bonne promenade par les journées de beau temps. Comme elle était bien accueillie des enfants, qu'il fallait, au contraire, tirer par la main, quand on suivait les mornes rues, quand on traversait les carrefours. Ces Buttes-Chaumont, c'était une image du paradis ter-

restre. Ainsi que de toute chose nouvellement
créée, on en prenait grand soin. Bouquets
d'arbres, allées montantes, parterres de fleurs,
une cascade illustre, kiosques où l'on vendait
des jouets simples et des boissons plébéïennes,
— cela avait le charme du bon vouloir, de l'envie de plaire, sans apprêt et sans faste. Le chemin de fer de ceinture qui coupe l'autre corne
du jardin fournissait lui-même l'imprévu d'un
grand, d'un gros jouet, celui-ci pour enfants
de Brobdingnag. Jusqu'aux noms de Mexico,
de Vera-Cruz, qui baptisaient les deux plus
longs côtés du parc (on était alors tout glorieux
de la campagne du Mexique), comme ils étaient
aussi plaisants!...

II

D'une petite école
à l'École des Beaux-Arts

D'UNE PETITE ECOLE
A L'ECOLE DES BEAUX-ARTS

Georges-Pierre Seurat — le peintre Georges Seurat, va enfin paraître dans ce second acte, dans ce second tableau, si je puis ainsi dire. Le premier metteur en scène sera le peintre Aman-Jean, qui fut le camarade très constant de l'enfance et de l'adolescence de Seurat.

Par ses portraits, par ses œuvres décoratives (les principales sont à la Sorbonne et au Pavillon de Marsan), Aman-Jean, né le 13 novembre 1860, est, vous le savez, le peintre de la « nuance ». Il a volontairement assourdi toutes ses hautes vertus : charme, grâce, la puissance et l'éclat. Picturalement, il répète toujours avec Verlaine :

> « *Car nous voulons la Nuance encor,*
> *Pas la Couleur, rien que la nuance!*

> *Oh! la nuance seule fiance*
> *Le rêve au rêve et la flûte au cor! »*

Maintes fois, j'ai interrogé Aman-Jean au sujet de Seurat, mort si prématurément, et qui donne si peu de prise à l'anecdote. Des lettres charmantes d'Aman-Jean, que j'ai reçues dans mon logis d'Auvergne, je vais récrire, ici, par bribes, des notes au moins valables d'un témoin sûr. Voici ces extraits :

« J'ai de moi, dit tout d'abord Aman-Jean, un très beau portrait par Seurat (un de ces magnifiques dessins qu'il faisait)... De mon côté, je n'ai malheureusement pas fait son portrait.....

« Pour ce qui est de sa personnalité physique, il ressemblait au Saint-Georges de Donatello qui est maintenant au musée du Bargello à Florence, — et autrefois dans une niche d'Or San Michele. Il était beau.

« Chez Seurat, l'instinct, le don, dominait tout son être. Il était prodigieusement doué pour, jeune, avoir fait ce qu'il a fait; il eût vécu qu'il eût connu la grande maîtrise. Je lui dois beaucoup; nos discussions étaient sans fins; nos séjours à la campagne prolongés.

. . . .

« Nous nous étions connus dans une petite école municipale de dessin, rue des Petits-Hôtels, près de l'église Saint-Vincent-de-Paul; ses parents habitaient ce quartier, les miens aussi. De là nous allâmes à l'école des Beaux-Arts sous la férule d'Henri Lehmann, élève d'Ingres; n'ayant d'Ingres que le côté pion, et jamais le mot qui ouvre l'espace et fait faire un pas aux jeunes gens.

. . . .

« C'est le dessin bien compris qui a mis Seurat sur son beau chemin. Le dessin est la chose sur laquelle on ergotera toujours; quantité de professionnels réputés n'y comprendront jamais rien. Dans notre jeunesse, Puvis de Chavannes ne savait pas dessiner; le fil de fer imbécile de Jules Lefebvre était alors le dessin pour une foule de gens; cela est resté ainsi. La théorie des complémentaires nous passionnait. Le métier visible, la touche divisée qui est devenue un procédé eût avec lui trouvé sa perfection. Il avait en germe les plus belles choses. Il était instruit et avait le goût de ce qui est difficile.

Le lâché de la plupart des tableaux d'aujour-
d'hui lui eût été insupportable, le faux achevé
plus encore ».

D'une autre lettre d'Aman-Jean, je détache
encore les renseignements suivants :

« Nous avions pris un petit atelier en commun, rue de l'Arbalète. (*Très ancienne rue
du 5ᵉ arrondissement, dans le quartier Panthéon-Mouffetard. Rue aujourd'hui très trans-
formée*). Le père de Seurat y vint. Pour le
rapin irrespectueux que je devais être alors,
M. Seurat était le type parfait du bourgeois.
Mᵐᵉ Seurat que je n'ai vue qu'une fois, était
aussi la bonne dame de petite bourgeoisie. Pendant les événements de la Commune en 1871,
M. et Mᵐᵉ Seurat, en bons bourgeois rentés,
attendirent la fin de la tourmente à Fontaine-
bleau ; Georges y alla, naturellement, son frère
aussi ; de sa sœur je n'ai jamais entendu parler.
Il jugeait son frère très loin de nous. « Il aime
avoir de beaux habits, répétait-il »...

« Jeune, Georges Seurat était sérieux et discipliné. Notre petite école municipale de dessin
était dirigée par un sculpteur, Justin Lequien,
qui nous enseignait à ourler des nez ou des

oreilles d'après des modèles lithographiés. Comment de cet enseignement a-t-il fait ce qu'il a fait, c'est le mystère de ce qui n'est qu'en sommeil?

« Nous lisions inlassablement, jugeant de littérature. Goncourt était notre divinité de ce temps. Ingres fut un long temps le dieu de Seurat. Son jugement, ses goûts, sa première façon de comprendre et de réaliser, tout chez lui était instinctif, mais de cet instinct qui ne trompe pas et produit la réalisation rapide de ceux qui doivent disparaître tôt ».

Un matin du mois de juillet 1923, rue de l'Abbaye, à l'ombre de l'église Saint-Germain des Prés, dans un vaste atelier plein de toiles amoureuses du soleil, j'ai entendu, d'autre part, le peintre Paul Signac me conter aussi quelques anecdotes concernant Seurat. Rappel de choses déjà exprimées par Aman-Jean, et quelques autres souvenirs. On peut ainsi les résumer :

« Parents de Seurat très bourgeois, aisés.

« Une sœur de Seurat est devenue Madame Appert, la femme du maître-verrier.

« Son frère était auteur dramatique.

« Le père était assez souvent familier, un peu « bizarre ».

« C'est lui que Seurat a dessiné et nommé : *L'homme à la bouteille.*

« De la mère, effacée, mes amis Cousturier possèdent l'effigie.

« Lui, Georges Seurat était un être solide, *un grenadier.* Il était très compliqué; il avait le goût de la contradiction. Très versatile. Il était plutôt taciturne, sauf quand il parlait de *sa* méthode.

« Très travailleur, il déjeunait souvent d'un croissant et d'une tablette de chocolat, pour rester plus longtemps à dessiner.

« Il était très discret, très réservé. Il « cachait » sa vie.

« Oui, au sortir de la petite école Justin Lequien, il fut longtemps à l'école des Beaux-Arts, dans l'atelier de Lehmann. Très bon élève, régulier, soumis.

« Il passait une grande partie de son temps à la bibliothèque de l'école, consultant livres, gravures, photographies.

« Il était un admirateur passsionné de Delacroix.

« Il ne se souciait aucunement des Impressionnistes, dont tout le monde parlait.

« Il partit pour faire son volontariat à Brest, dans un régiment de ligne. Il revint — et vous savez le reste. »

Signac connut Seurat, au printemps de 1884, à la première exposition du *Groupe des Artistes indépendants*.

Dans une plaquette — dont nous parlerons longuement plus loin, — il écrivit sur son ami très judicieusement :

« Georges Seurat suivit les cours de l'école des Beaux-Arts, mais son intelligence, sa volonté, son esprit méthodique et clair, son goût si pur et son œil de peintre le gardèrent de l'influence déprimante de l'école. Fréquentant assidûment le musée du Louvre et les bibliothèques, il puisa dans l'étude des maîtres classiques la force de résister à l'enseignement des professeurs. Au cours de ces études, il constata que ce sont des lois analogues qui régissent la ligne, le clair-obscur, la couleur, la composition, tant chez Rubens que chez Raphaël, chez Michel-Ange que chez Delacroix : le rythme, la mesure et le contraste.

« La tradition orientale, les écrits de Chevreul, de Charles Blanc, de Humbert de Superville, d'O. N. Rood, de H. Helmholtz le renseignèrent. Il analysa longuement l'œuvre de Delacroix, y retrouva facilement l'application des lois traditionnelles, tant dans la couleur que dans la ligne, et vit nettement ce qui restait encore à faire pour réaliser les progrès que le maître romantique avait entrevus ».

Deux livres parmi ceux que Paul Signac vient de désigner : *La grammaire des Arts du dessin*, par Charles Blanc, et *De la loi du contraste simultané des couleurs et de l'assortiment des objets coloriés*, par Chevreul, retinrent Georges Seurat.

Il partit pour Brest, le cerveau tout plein de ces lectures.

Là, il prend le goût de la mer, des bateaux de tout gabarit. Resté taciturne, travailleur, malgré la niaiserie et la fainéantise des soldats et des sous-officiers qui l'entourent, il dessine sur de nombreux carnets et s'applique à bien disposer — linéairement — cordages, quais, cheminées, ancres, mâts et amarres.

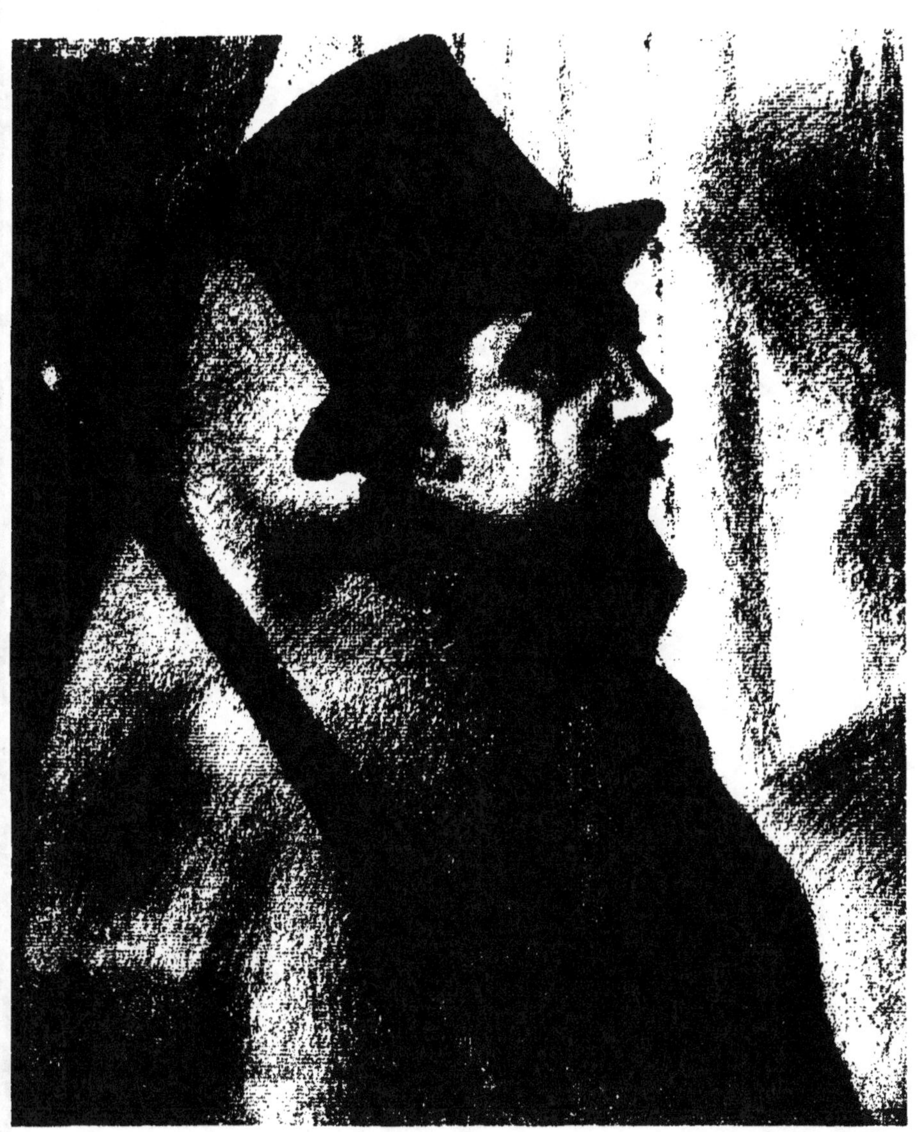

PHOTO-DRUET

PORTRAIT DE PAUL SIGNAC (DESSIN)

Fort de toutes ses permissions de sortir, cet engagé conditionnel d'un an, jamais puni, rôde tout le long de la Manche; il va de Brest à Saint-Brieuc, à Saint-Malo, à Cherbourg, au Havre et jusqu'à Dunkerque, en s'arrêtant à Perros Guirec, aux îles de Guernesey et de Jersey, en s'attardant plus longtemps encore dans cette baie de la Seine, où il s'éprend de Grandcamp, de Port-en-Bessin et de Cabourg.

Il pense toujours à Delacroix et à ses pèlerinages, en compagnie d'Aman-Jean, aux peintures de la chapelle des Saints-Anges, en l'église de Saint-Sulpice, à Paris.

Quelles authentiques merveilles! Il est dans l'œuvre de Delacroix, des œuvres plus considérables; mais aucune toile de ce magnifique tragédien de la couleur n'est plus pleine, plus imprégnée de puissance et de profondeur.

Quand Seurat reviendra à Paris, il n'aura rien perdu de son esprit réfléchi et clairvoyant.

Il n'aura point cessé de songer fortement au dessin et à la peinture.

Il a mis mentalement de l'ordre dans toutes les gravures qu'il a vues, dans tous les textes qu'il a lus. Une classification très nette des objets s'est faite impérieusement en lui. Il a senti qu'il devait à jamais répudier le mouvement; qu'il devait à jamais bannir toute turbulence, et toute passion. Il faut qu'il développe son tempérament qui est tout entier de mesure et de pondération.

Il sait qu'il a, lui aussi, une « longue aptitude à la patience ! »

III

Certains autres camarades
de Seurat

CERTAINS AUTRES CAMARADES
DE SEURAT

Les peintres qui se trouvèrent aux côtés de Seurat à la première exposition du *Groupe des Indépendants* furent, en citant les noms les plus connus : Bastien-Lepage, Mlle Bashkirtseff, Angrand, Carabin (un sculpteur), Cross, Dubois-Pillet, Jaudin, Redon, Signac, Valtat et Valton. D'autres, qui furent aussi des camarades de Seurat, exposèrent aux Salons des années toutes suivantes : Henri-Rousseau (Salon de 1886), Vincent van Gogh (1888), Maximilien Luce (1888), Armand Guillaumin (1890).

Charles Angrand fut, après Aman-Jean, le second Castor de ce Pollux : Seurat. Peintre de haut talent, sagement retiré aujourd'hui à Rouen, — l'admirable ville aux trois cathédrales ! — Angrand expose, d'ailleurs, depuis 1884, très

fidèlement, aux successifs salons des Indépendants. C'est une sorte de « grognard » des
premières mises en ligne. Nouveau Millet —
par l'esprit, mais si différent, par la facture, il
peint tous les animaux de la campagne : les
chiens, les chèvres, les vaches, les chevaux, les
cochons, le fermier et la ¡fermière. Ah! ces
autres animaux qu'on appelle les Parisiens et
les Parisiennes ne se doutent assurément pas
combien les bêtes des champs sont captivantes,
drolatiques, avisées et ingénues. Aussi, ce n'est
pas pour eux, c'est pour nous, ses amis, que
Charles Angrand nous donne à contempler —
oh! les ¡joies des vacances! — l'escadre des
canards, la pacifique existence des poules et la
lourde sommolence des vaches....

Je n'ai point manqué de lui demander, à lui
aussi, des souvenirs sur Seurat, que j'ai, moi,
plus rarement approché. Voici de bonnes choses
familières :

« Sur Seurat, nous écrit-il, mes souvenirs
sont assez copieux et vivants. Je ne fus pas
longtemps sans faire sa connaissance après 1884,
par Signac, je pense. Tout cela est loin et sous
la grisaille du temps. Cependant je me rappelle

l'avoir accompagné chez sa mère et vu alors *sur son mur* nombre de ces dessins noirs — *Le Dîneur* par exemple — qui furent ses premières études.

« Je le trouvais régulièrement aux soirées de Signac, 20, avenue de Clichy, avec Paul Adam, Dubois-Pillet, Régnier, etc. Je l'ai fréquenté ensuite dans son atelier du boulevard de Clichy, atelier tout voisin de celui qu'occupa un instant Signac avant de s'en aller au Castel Bérenger. Il s'y plaignait d'un éclairage qui avait les variations mêmes du ciel. Au mur, en des cadres rapprochés, quantité de ces petites études de boîte à pouce, qui étaient surtout sa joie, disait-il. Et sur le parquet cette banquette qu'on voit dans *Les Poseuses*, qui d'ailleurs furent peintes en ce décor presque nu, — de même que *La Femme qui se poudre*.

« En 1885-86, souvent je suis descendu travailler à l'île de la Grande-Jatte à côté de lui Comme l'herbe d'été vigoureuse devenait haute sur la berge et l'empêchait de voir une barque qu'il avait mise au tout premier plan — et qu'il se plaignait de ce contre-temps — je fus lui rendre ce service de couper cette herbe; car

je ne suis pas loin de penser qu'il allait sacri-
fier sa barque. Cependant il n'était pas esclave
de la nature, oh! non; mais il en était respectueux, n'étant pas imaginatif. Son souci portait
surtout sur les tons, les teintes et leurs réactions.

« C'est à cette époque aussi que fut peint —
et à deux pas — le motif au soleil, toile de 25,
— où un arbre en clair hausse son feuillage en
éventail, eau bleue, ciel bleu, dont j'ai l'esquisse.

« Seurat fumait en travaillant une pipette que
je qualifiais de pipette de premier communiant.
Elle était mignonne et en bois. En m'aperce-
vant venir, il ne lâchait l'outil que pour me ten-
dre la main.

« Et silencieux comme à l'accoutumée, il se
remettait à travailler l'œil mi-clos.

« Sur sa palette un ordre toujours observé :
trois bâtons de blanc près du pouce, séparé-
ment affectés aux mélanges avec les trois colorations primaires.

« La journée faite nous quittions le bout de
l'île par le bac de l'Artilleur qui pour deux sous
nous mettait sur le boulevard de Courbevoie,

récemment créé le long du fleuve. On venait d'y planter des arbres. Et Seurat se complaisait à me faire bien voir que leur tête verte sur le ciel gris s'auréolait de rose. Nous rentrions par la porte Champerret, l'avenue de Villiers et il me quittait devant le collège Chaptal, où j'étais suppléant. Nous savons que couramment — et légitimement d'ailleurs — il disait : *ma* méthode. Nous en causions souvent, vous le devinez. *(Tout cela sera exposé plus loin).* Il m'ajoutait :

Ils — c'étaient les littérateurs et critiques — ils voient de la poésie dans ce que je fais. Non, j'applique ma méthode et c'est tout. Son point de vue n'était-il pas sensé? La poésie — n'est-ce pas l'impondérable?

« J'ai conservé mémoire encore d'un après-midi de causerie en son atelier du Passage. *(Passage de l'Elysée des Beaux-Arts).* Il travaillait au *Cirque.* Poussé je ne sais pourquoi — j'objectais devant ses raffinements théoriques — car des harmonies binaires on passait aux ternaires — et les lignes suivaient les couleurs, quand saisissant son escabeau — comme pièce démonstrative — cet homme plutôt silencieux et embarrassé devint tout de suite éloquent — de l'éloquence des convaincus. Ce mouvement me frappa singulièrement. »

Je suis revenu à la charge, un jour sur Angrand. Je l'ai contraint à m'envoyer une autre lettre sur Seurat. Et, avec tant de complaisance, il m'a écrit encore ceci :

« Oui, c'est à peine, en effet, si je vous ai esquissé sa physionomie. Sa personne était si en retrait. Elle n'offre vraiment que le relief artistique. Ce n'est pas que l'homme ne fût particulier. Si, mais comme sa réserve était extrême, il s'ensuit pour nous une vraie carence aussi bien d'impressions que d'anecdotes. Il était grave sans jamais un abandon vers la fantaisie. Son plaisir apparent était de parler des conditions de la peinture — de *sa* méthode surtout. Sur ce dernier point il se complaisait manifestement.

« Les réunions de la Société des Indépendants en son temps se tenaient au café Marengo, dans le voisinage du Louvre. Il ne manquait guère aux séances. Je crois l'y voir encore. Il s'asseyait de préférence contre le mur de gauche de la salle, toujours à la même place si elle n'était prise — et silencieux, attentif, il fumait. C'était un beau garçon : le nez droit, le front large, les paupières lourdes ; sa barbe bien plantée d'un châtain foncé se nuançait de tons fauves. L'ensemble attestait le calme. Il avait de la taille et de la prestance. A-t-on son portrait photographique, je n'en suis pas sûr ? *(Mme Lucie Cousturier en a reproduit un dans sa remarquable plaquette consacrée à Seurat).*

« Les séances finies, nous partions de compagnie par la rue Vivienne : Signac, Adolphe Albert, Jaudin, Meunier, bien d'autres que j'oublie, qui étaient des Batignolles ou de Montmartre. Plus d'une fois chemin faisant Seurat m'a fait remarquer le halo complémentaire des becs de gaz. Il devait en faire application dans sa *Parade*, comme on sait. Son œil était sans cesse en quête de tels contrastes. Il aimait qu'on les constatât avec lui et c'était sa satisfaction d'en discourir. Au demeurant, il se montrait sobre de paroles. Aux thés de Signac, avenue de Clichy, il écoutait sans mot dire hors les cas où on le questionnait directement. Là se trouvaient réunis des jeunes écrivains qui furent, il est superflu de le rappeler, les premiers à commenter dans les revues cette technique nouvelle qualifiée *néo-impressionnisme*. Seurat à qui elle était due se montrait jaloux de sa paternité. Et il resta ombrageux sur ce point. Je le trouvai un soir très affecté. Le biographe de Pissarro aux « Hommes d'aujourd'hui » venait non point d'attribuer la nouvelle « manière » au vieux maître qui s'y essayait — mais il en avait écrit sans dire qui l'avait instaurée. Et Seurat s'en peinait. Je tâchai de le ramener à la raison, par mes protestations. Je l'emmenai au « Guerbois » *(Le café de l'avenue de Clichy illustré par les Impressionnistes, quelques années avant 1870),* — et vraiment il ne fallait pas moins que cette diversion pour lui enlever un peu de son inexplicable souci.

« Il ne fréquentait guère les cabarets. A ce Guerbois, il n'entrait que rarement — avec Signac et Séon parfois. Puisque ce dernier nom me vient, j'en prends occasion pour dire que ce cordial camarade lui reprochait, avec quelques autres, de manquer d'esthétique. Le grief n'était peut-être que véniel ; je ne me permettrai pas d'en juger. Mais ce que l'on peut dire, je me répète, c'est que notre ami manquait d'imagination. »

Aux côtés des peintres Signac et Angrand, — le puissant dramaturge de *l'Image*, de *La vie muette*, des *Menottes*, etc. ; l'étrange, l'original conteur de *La saison au Bois de Boulogne*, de *La rue amoureuse*, des *Joueurs de boules de Saint-Mandé*, de *Monsieur Gretzili*; etc., etc. ; l'admirable écrivain qu'une tourbe de basses lettres, que toute une séquelle de romanciers de latrines tient systématiquement à l'écart, en montrant des crocs pourris, mon très cher camarade, le haut et secret Maurice Beaubourg fut l'écrivain que Seurat préféra. Aussi, lui ai-je également demandé une lettre sur son ami. La voici, entière :

« J'ai connu Seurat, dit-il, à la Grande-Jatte à l'époque où je faisais du canot *(Les âmes de verre des Nouvelles passionnées)*. J'allais même entre cette Grande-Jatte et Joinville-le-Pont, ce qui me faisait traverser Paris la nuit.

« Mon canot était garé à cette Grande-Jatte, ce qui fait que je m'y rendais souvent.

« En venant de Paris, on tournait à droite dans l'île, et à peu près à l'endroit où on a pied, et où l'on se baigne le dimanche, à mi-chemin entre le pont Bineau et la pointe Nord de l'île, sur le grand bras regardant Courbevoie et Asnières, on voyait souvent Seurat peignant.

« C'était un grand garçon, plutôt brun, coloré, hâlé, aux cheveux presque en brosse.

« Il me confiait avec tristesse que tous les gamins qui se baignaient ou rôdaient par là, après avoir regardé sa peinture, prenaient des pierres, n'y comprenant rien, et lui crevaient ses toiles. Il eut ainsi plusieurs toiles crevées. Il recommençait et on les recrevait.

« Parfois, nous revenions à Paris ensemble hélant un passeur, et allant prendre le train à Asnières. Là nous montions sur l'impériale du train, et il m'exposait ses théories purement scientifiques, sur l'art de la peinture. Ce fut le plus grand technicien de l'art pointilliste. Je ne sais ce qu'il aurait donné comme peintre s'il avait vécu. Mais je sais très bien ce que des gens comme Signac et Luce, et je crois bien même Claude Monet, doivent à ses études et à ses théories. Un précurseur !

« Nous descendions à la gare Saint-Lazare ensemble, et il me semble que je l'accompagnais jusque vers la rue de Chabrol, où il devait demeurer.

« Très digne, modeste et simple. Mais imbu à un tel point de la nécessité et de la suffisance de la science et de la chimie dans l'art, que j'en restai ébaubi.

« Si vous faites jamais un livre sur Yvette Guilbert, mon cher Gustave Coquiot, j'ai d'autres souvenirs sur elle datant également de la Grande-Jatte. On ne lui crevait pas ses toiles, mais mon gareur-constructeur d'embarcations l'arrosait avec une pompe, comme involontairement, ainsi que deux de ses amies.

« Elle était aussi indignée que Seurat.

« Ils ont fondé à eux deux « l'Ecole de la Grande-Jatte », remarquable par ses procédés scientifiques (chimiques ou mécaniques) dans la peinture et dans la chanson. »

Voici encore quelques autres opinions sur Seurat. Souvenirs de camarades :

De Carabin — (actuellement directeur de l'école municipale des Arts décoratifs, à Strasbourg. Sculpteur, alchimiste, sorcier. Il a sculpté des figures, des portraits et des meubles d'une totale originalité) :

« C'était, Seurat, un apôtre, dit-il, avec une tête de Christ, peu liant et peu communicatif. »

De Henri Jaudin — (*le peintre des aubes et des brumes, le guetteur du soleil dans des paysages de montagnes et de vallées; le parfait rédacteur, avec Dubois-Pillet, des statuts qui gouvernent encore la Société des Indépendants*) :

« Seurat, ce grand beau garçon, très doux, un peu triste parfois, tout à son art, sans cesse tourmenté du désir d'améliorer sa technique, afin de rendre plus tangible la finesse de sa vision, était sympathique à tout le monde. Je ne le voyais guère qu'aux séances du Comité des Indépendants et pendant l'installation des expositions. »

De feu Henri-Edmond Cross — (*le peintre qui réclamait toujours de la lumière, qui mourut, comme Goethe, en appelant le soleil. Il logea dans des arbres des nus savoureux; il en étala d'autres sur les plages ardentes de Juan-les-Pins, du Trayas et de Saint-Raphaël*) :

« Seurat était calme et doux, courtois et modeste. C'était un travailleur osbtiné, austère.

LA SEINE A COURBEVOIE

Il se surmenait. Il inventa un nouveau style moderne. »

De feu Camille Pissarro — (*l'illustre peintre de la glèbe et des villes. Le bon patriarche qui portait son lourd manteau comme son seul bien, mais qui était prêt à le partager entre tous les pauvres*) :

« Je ne rougis pas d'avoir été conquis par la méthode — puisque méthode il y a! — de Seurat. Je rougis seulement de n'avoir pas *réalisé* un certain nombre de mes tableaux. Mon cher ami Cézanne disait cela de toutes ses œuvres; mais lui, il avait tort! »

Enfin, de feu Dubois-Pillet — (*capitaine de la garde républicaine et peintre. Un fécond « pointilliste », car il fut peintre partout et en tous les genres*) :

« Seurat! c'est lui qui m'a entraîné. Je lui dois tout!

« Son sens de l'ordre, de la discipline, je devrais dire, fit sur moi tout de suite une profonde impression. Naturellement, il y avait du danger à rester complètement dans son sillage; c'est pourquoi je me suis efforcé de peindre d'autres sujets que les siens. Ce faisant, j'ai, peut-être, souvent, égaré ma pensée; mais je ne regrette rien. Par Seurat — et grâce à Seurat — j'ai adoré la peinture! »

IV

L'amour de l'eau
ou l'apothéose du canotage

L'AMOUR DE L'EAU
OU
L'APOTHÉOSE DU CANOTAGE

La Seine est brusquement soûle de cris et de chansons; poésies de mirlitons et de goguettes. Tout se bouscule et s'entremêle. On perçoit ces bribes de couplets, rompus, cassés, disloqués :

Il était un petit navire
Qui n'avait ja-ja-jamais navigué
Ohé! Ohé!
Au bout de cinq à six semaines,
Le pain, le vin, vin-vinrent à manquer
Ohé! Ohé!

ou :

> *Père Barbazon,*
> *Zon, zon,*
> *Payez-vous d'l'eau-d'vie,*
> *Oui, oui,*
> *Aux sous-officiers de la garnison?*

. . . .

ou

> *Allons à Lorient*
> *Pêcher des sardines,*
> *Allons à Lorient*
> *Pêcher des harengs.*

. . . .

ou :

> *Je m'abandonne*
> *Au vent d'automne;*
> *Mon bateau suit*
> *L'onde qui fuit.*
> *Elle m'emporte,*
> *Mais, que m'importe?*
> *J'aborderai*
> *Quand je pourrai*

. . . .

ou :

> *Il était un canot,*
> *Le plus beau des canots !*
> *Il n'avait qu'un défaut,*
> *C'était d'aller au fond de l'eau.*
> *La-itou, tra la, la, la; la !*
> *La-itou, tra la, la, la, la !*

. . . .

Puis, dominant le vacarme, on distingue la formidable voix d'Onésime Papavert, loup de mer et roi des flambards !

> *Tas de chicards,*
> *Tas de flambards,*
> *Les canotiers de la Seine*
> *Sont bien vus,*
> *Bien reçus,*
> *Et partout font du chahut !...*

. . . .

Tous ces cris, tous ces hurlements, c'est l'Asnières dominical qui est envahi par les périssoires, les youyous, les canots, les embarcations de toute forme ; c'est Asnières qui saute, tressaute, remue, danse, tout secoué de rires, d'apostrophes et de refrains; c'est Asnières dans les drapeaux et dans les lanternes vénitiennes; c'est la Seine qui ouvre ses bras et son lit à ces redoutables bateaux : L'Ariel, le Météore, l'Amphitrite, l'Elan, le Véloce, le Triton, le Dard, le Marsouin, le Mistral, le Flambard, l'Eclair, le Duc de Framboisie, le Foller, le Neptune, l'Impétueux, le Tigre, le Conquistador.

On reprend :

> *Tas de chicards,*
> *Tas de flambards,*
> *Les canotiers de la Seine,*
> *Sont bien vus,*
> *Bien reçus,*
> *Et partout font du chahut!*

. . . .

Et les voici les rigolos, les frituriers, ces tapageurs coquettement endimanchés. Ouvriers ou employés de bureau. Ils trottent par les trains de banlieue vers Asnières. Vite chez le loueur!

Ils embarquent ; et, à la première guinguette, on commande la friture bien arrosée.

Et allons-z'i :

> *Père Barbazon*
> *Zon, zon,*
> *Payez-vous d'l'eau-d'vie,*
> *Oui, oui,*
> *Aux sous-officiers de la garnison ?*

Et voilà les chicards, les employés de commerce, les gandins de la *Belle-Jardinière*, avec bottes molles et chemises multicolores. You, you, you ! Et les « montagnardes sont là », ces demoiselles de magasin, en vareuses, — et coiffées du large chapeau de paille aux couleurs de la barque.

Sous les vérandahs, *La Marche tonkinoise*, *La Fanfaronne*, cinglent toute une autre chahuteuse jeunesse, envoient des décharges électriques dans les jambes, dans les bras, dans les têtes des gambilleurs. On saute, on trépigne ; on l'accompagne de cris, de joyeux hurlements, du fracas des cuivres, la sacrée « canotade » !... Hardi ! Titine ! tire sur l'aviron !...

Là-haut, le soleil brûle à large face ; il est en plein dans le four. Ah ! les musiques, c'est ça qui vous met le feu au ventre ; et les yeux de Titine, de Chloé, de Zulma, quels quinquets pour la fête ! On canote, on canote, on en « suera une » tout à l'heure. Des flambards grattent des tambourins ; d'autres piquent une tête et font les marsouins.

C'est soleil, jeunesse et rigolade.

On entend des cris : « Hé ! Maurice, Boit-sans-soif, Bouffe-toujours, Cachalot ! » Ce sont les grenouillards qui se reconnaissent, les comptoirs qui fraternisent ; et aiguës, pointues, chatouillées, les canotières, pour ne pas rester « moules », s'interpellent : « Hé ! Fourchette, Titine, Fifine, Zizine ! »

8 heures sonnent. Les cafés s'emplissent. On se rue sous les tonnelles de Gratiot et de la Sirène, de Picot et de Mongendre, de Garnier et de la Terrasse.

Au casino Trianon : jeux, bals, jardin, tir et concert ; on les jette en l'air et elles retombent, on les détache de côté et elles se rejoignent, les guibolles des « garibaldiens » et des « hongroises » à passementeries. La bière écume, le punch flamboie, tout Asnières maintenant chahute, gigote, se trémousse; — un « canotard » s'élance pour la gloire d'un rayonnant « cavalier seul! »

En avant! C'est la bamboche dominicale. Hardi! *La Belle-Jardinière* et les *Galeries dorées!* On laisse toute la semaine aux canotiers sérieux, aux yoles-gigs, aux outriggers et aux skiffs. On se fout des régates de Cowes, d'Oxford et de Cambridge! Nous, les grenouillards, on s'en bat l'œil aussi des courses de Poissy, de Meulan, de Rouen, d'Elbeuf et de Corbeil! La chouette nuit est à nous; elle est à nous, toute bleue, toute mitraillée d'étoiles; car il faut que demain Cachalot soit fourbu, et que Zizine tombe, le nez sur ses boîtes de rubans!

Vive la gaîté des dimanches d'Asnières! Oui, il y a Markowski, à Bougival — et Convert, à Joinville! Mais c'est à Asnières que les « rigolards du canœing » lancent le plus vigoureusement, en l'air, les bottes du trappeur de l'Arkansas. Il faut nous voir gambiller, sur le coup de dix heures sonnantes, tandis que nos belles fretinfretaillent du cul. Nous, coiffés d'une casquette plate; nos femmes, faisant sauter leurs tétons sous la vareuse, le béret anglais piqué dans les cheveux, — et les jupes bouffantes du faux-cul. Tous, du devant et du derrière, nous nous trémoussons; et ça sent vite l'étable sous les lampes à pétrole accrochées au plafond.

Ah! ces années 1885-1886, juste l'apparition de la bicyclette et pas d'automobiles! Tout était pour l'eau, pour la « canotade »!

Tout le monde canotait. Le canotage — pour mieux dire! — avait *sa* littérature. On publiait des manuels du parfait canotier. Au café-concert, Libert et Bourgès, dans leurs « créations nautiques », glorifiaient les fantaisies du « canœing ». C'étaient de véritables chansons de bord que reprenaient en chœur les grenouillards. Et cette gloire du canotage en France datait de loin, puisque, dès 1858, on avait publié à ce sujet un petit livre signé par Alphonse Karr, Léon Gatayes, de Châteauvillard, etc. La même année, le théâtre des Folies-Dramatiques avait représenté 150 fois un vaudeville intitulé *Les Canotiers*.

Tandis que la folie des chansons canotières cassepétait à Asnières, Argenteuil — non loin de là — offrait un centre moins agité, réservé aux courses à la voile. Ah! que de souvenirs pour certains d'entre nous, au restaurant du Petit-Matelot, chez Louvet, chez Foullain et au Poisson-de-Seine, en face du pont!

Certes, que d'autres souvenirs encore à Asnières — le moyen de n'y pas revenir! — sous les fraîches tonnelles de Cassegrain, sous les vérandahs de Duvan ou de Laroche!

Le dimanche, — c'était bien simple! — on ne songeait qu'à aller rejoindre son bateau. Mais je dois dire que ni Beaubourg ni moi, ne pensions aux bottes molles et à la chemise garibaldienne. Notre vêtement était plus modeste. Nous n'étions peut-être pas tout à fait des « rowingmen »; mais nous n'étions certes pas des flambards. Du moins, je me souviens bien, moi, que je ne portais que le pantalon de flanelle et une sorte de tricot, sans manches et sans monogramme de club. Comme j'étais mince dans ce temps-là! Mon skiff (outrigger à un rameur) ne pesait qu'une vingtaine de kilos. Je me fais pitié, maintenant, quand « je me revois » dans ces sacrées glaces qu'on a posées exprès dans toutes les rues. La belle avance de faire des gros comme moi autant de saints Bonaventure, et de nous obliger à écrire, à la manière de ce terrible saint : *Le mépris de soi-même* ! J'allais alors, presque dans un temps de record, de mon garage (sis au bas de l'île de la Grande-Jatte) à Asnières. Oui, j'étais une sorte de « spécialiste des courtes distances ». Pour la durée, pour la résistance, j'étais moins bon. Un véritable ami eût pu écrire que « j'avais une redoutable pointe de vitesse ! »

C'est à Asnières que j'ai connu Seurat; ou, plus exactement, à l'île de la Grande-Jatte. Alors, qu'était-ce donc que la Grande-Jatte à ce moment-là de la planète (années 1885-1886)?

V

L'Ile de la Grande-Jatte,
ex-paradis terrestre

L'ILE DE LA GRANDE-JATTE,
EX-PARADIS TERRESTRE

L'île de la Grande-Jatte, vous la trouvez, sur la Seine, au bout de Neuilly, et traversée par le pont de Courbevoie, qui fait suite au boulevard Bineau.

Cette île, tout en longueur, a 1.750 mètres, nous affirment les géomètres.

Actuellement, c'est incontestablement une île pour le cinéma, quand on désire un lieu solitaire, ténébreux, sinistre, un coin des *Mystères de Paris*, par exemple, avec le Maître d'école et la Chouette.

A la tombée de la nuit et en hiver, vous êtes en plein roman-feuilleton. Vous êtes dans l'île des Ravageurs. Les établissements Nieuport, Donnet, etc., qui s'y étalent, ont fait pousser autour d'eux des cabanes, des masures et je ne sais combien de bistros, très *Mystères de Paris*, je le répète, avec leurs cages à poulets, avec leurs amas de ferrailles, avec leurs maigres jardinets où le plus docile végétal s'entête à ne pas croître.

Il n'y a plus d'arbres. Les seuls survivants, on les a rejetés tout au bord de l'eau, — où ils s'ennuient tellement que toutes leurs branches tombent d'année en année. Des gymnases rouillés, des guinguettes aux tonnelles effondrées, attendent vainement des jours meilleurs. Partout, c'est le noir, la ruine, le déchet, l'ordure; on n'y entend même plus un orgue de Barbarie; il y pleurerait trop de larmes!

Les gens que l'on heurte maintenant dans cette île de la Grande-Jatte, ce sont les ouvriers, les pauvres hères que Raffaëlli a dessinés, les pauvres bougres de la zone, les claque-miteux des terrains vagues; chiffonniers et chiffonnières, entourés de chevaux étiques, d'ânes pelés et de chiens efflanqués. Tout cela vit, respire dans l'humidité des boues, dans la gadoue des cloaques; car, si Asnières se meurt, la Grande-Jatte se pourrit.

Ah! ne réveillez jamais vos chers souvenirs!

Laissez-les reposer dans la nuit du passé. Ils eurent autrefois — quand ils étaient à peu près le présent — de belles robes, de joyeuses parures, des fêtes, des musiques, du soleil; maintenant c'est la carcasse d'un feu d'artifice que vous voulez retrouver. Elle gît lamentablement noircie, malodorante et déjà à peu près en poussière.

J'ai voulu revoir la Grande-Jatte. J'ai revu l'île chère à nos « canotades », comme un navrant maquis sans arbres, hérissé de jardinets lugubres, où des carrés de joueurs de boules tracent les plaques de pelade d'une verdure détrempée. Oui, je sais, la journée est de février et elle pleure; mais n'est-elle pas plus triste la pluie, ici, au-dessus de ces aspects de banlieue ravagée?

Sur la Seine, d'eau jaunâtre, sale, des petits remorqueurs geignent; la brise souffle et s'aigrit sous ce ciel grincheux. Ses larmes deviennent plus rares, à la pluie; elle se fixe là-haut dans ces pesants nuages que le vent bouscule. Mais, pleins de foi quand même, courageux de toute leur jeunesse, près de moi glissent deux yoles-gigs montées chacune par quatre rameurs, maniant chacun un aviron de pointe. Oui, je

sais, ils existent toujours, les cercles et les clubs :
le Rowing-Club, le cercle d'Aviron, la société
de la Basse-Seine — et tant d'autres ; mais c'est
toute ma jeunesse qui s'en va ainsi au fil de l'eau ;
et je me fais l'effet d'être si démodé, moi aussi,
comme ces yoles-gigs trop lourdes — et que les
outriggers ont, depuis ma prime jeunesse, si
bien remplacées ! Je me secoue. Jamais la pluie
ne m'a semblé aussi maussade et aussi amère !
Qu'elle est loin, l'ancienne Cythère de la Seine,
l'ancienne Grande-Jatte de l'apothéose du canotage !....

*
* *

Oui, combien disparue, combien changée
notre Grande-Jatte d'hier ; notre Grande-Jatte
qui est surtout à Seurat et qu'il a immortalisée !
La Grande-Jatte ! Le dimanche. Canots à
voiles, à rameurs. Petits remorqueurs ; pêcheurs
en barques. Une foule. Un canotier assis à terre,
serein, solide, fumant sa pipe, en regardant l'eau
brillante. Femmes, leurs chapeaux hauts à fleurs
et leurs faux-culs. Chiens. Gandins, veston, haut
de forme, badine. Un singe qui se promène.

Arbres. Soleil. Un papillon qui volète. Un type souffle dans du cuivre. Soldats qui flânent. Groupe de petits bourgeois. Gamine roulant un cerceau. Nourrice avec ses rubans. Demoiselles en bois. Ombrelle et encore du soleil. Une vieille femme se dessèche. Tout cela est tranquille, s'épanouit, s'étire dans les larges ondes blondes. Quelle douceur! Joie constipée de vivre. Un bois sacré chez les simples!

L'île, en ce temps-là, qu'elle était hospitalière! Le dimanche, elle souriait, attendant tous ses visiteurs. Tout autour d'elle, l'eau se pigmentait de milliers de dansantes petites flammes. Le sol, gazon doux et souple, était tapis de billard sous les arbres au dense feuillage! Dans des petits kiosques, on grillait la gaufre! On la pointillait de sucre. Cela sentait, au bout d'un moment, une bonne odeur pointue. La bière y était moins sûre; mais les sirops s'offraient de marque. Sur tous les côtés de l'île, des barques accostaient. Une ombrelle claquait, en s'ouvrant; et une demoiselle grimpait le talus. Asnières, Neuilly et Paris fraternisaient ici. J'y ai vu des magistrats, des actrices, des ministres et des professeurs de trombone. C'était le Paradis terrestre, côté des bêtes! Sur le coup de quatre heures, les baignades commençaient. Lunairement, pleines faces, des derrières éclataient; s'offraient aussi des tranches de fesses. Et des messieurs graves, décorés, promenaient, aux bras de gourgandines, l'honneur de la Légion d'honneur. Comme de juste, des canotiers gueulaient. La Seine sentait la tisane. Puis, une noce exhibait de rigides redingotes, des cols durs, d'étroites bottines au bout verni, les faux-culs bien rebondis des dames. Le soleil s'esclaffait. Crepitus tonnait!

Seurat était trop posé pour aimer ces aspects-là de la Grande-Jatte. Il a bien composé son fameux *Dimanche d'été à la Grande-Jatte*; mais c'est la Grande-Jatte pondérée, émoussée, guindée. Une fresque! Un bois sacré sans les nymphes et Priape!

La semaine, l'île appartenait aux peintres et aux voyous d'Asnières et de Neuilly. C'étaient ces derniers qui crevaient les toiles, en lançant des pierres. On les modérait en leur payant un verre de sirop ou en les régalant de vifs coups de botte.

Seurat se tenait le plus volontiers au

milieu de l'île. Je ne sais si les gamins crevaient ses toiles, ainsi que l'avance Maurice
Beaubourg. Je sais mieux que cela ne dut pas
arriver souvent ; car Seurat, multipliant ses
études à la Grande-Jatte, peignait surtout sur
des petits panneaux de boîte à pouce. Et,
enfin, ce solide gaillard était un homme à
offrir plus carrément des coups de botte que
des verres de sirop.

Le portrait photographique de Seurat, que
nous devons à Madame Lucie Cousturier se
rapproche singulièrement du souvenir physique que je garde, de mon côté, de ce peintre.

« Une tête correcte. Nez droit. Yeux bien
ouverts. Cheveux pas très abondants, frisés.
Barbe en pointe, pas trop taillée. Moustache
assez longue, retombante. Veston bien coupé.
Cravate à pois blancs. Air d'ensemble d'un
« chef de rayon ». Pas du tout le « chic artiste »
de l'époque. Un air reposé et doux »

Et c'est ainsi que Maximilien Luce, dessinant, en 1890, le portrait de Georges Seurat
pour le texte de Jules Christophe (*Les hommes
d'aujourd'hui!*) me semble l'avoir vu. Je le
répète : un grenadier athlétique, au dire aussi

de Paul Signac, qui ne devait pas redouter les gouapes d'Asnières et de Neuilly.

Il lui arriva maintes fois de rester, par beau temps, toute la journée à la Grande-Jatte. Le déjeuner, pour lui, n'avait pas, en effet, une vive importance; et il aimait rentrer à Paris en rapportant un certain nombre de planchettes peintes, bien disposées au long de cette sorte de boîte que l'on trouve communément chez les marchands de couleurs. Toutes ces planchettes étaient ensuite fixées aux murs de son atelier ou de sa chambre; et elles constituaient les notes essentielles desquelles il partait pour composer ses tableaux-types, dont le titre n'était jamais orgueilleux ; car ils réalisaient toujours plus qu'ils n'avaient promis!

LE PONT DE COURBEVOIE

VI

Le tohu-bohu des Fêtes foraines

LE TOHU-BOHU DES FÊTES FORAINES

Et le tintamarre des orgues et le piaillement des flûtes et les borborygmes des trombones tapageant sous les arcs de lumière, sous les girandoles des quinquets, et tous les airs de vieilles opérettes, toutes les valses des « Soldats d'Augereau » et toutes les « Santa-Lucia » qui, ce soir, et tous les soirs, font virer des ménageries de chats, de lapins et de corridas, dans la cohue de la foule pressée aux reposoirs des tournevires, des théâtres, des musées anatomiques et des femmes-colosses, c'est la fête foraine qui bruit, tout le long de l'avenue, dans un Neuilly sacquebuté, aux volets hermétiquement clos, un Neuilly hagard, halluciné, un Neuilly qui a le mal de mer, qui roule, ballotté, des arènes de Marseille aux ménageries de Pezon, avec Paris aussi, Paris venu avec ses filles, tout Paris accouru là aux parades et aux frénétiques balancements des manèges.

Toute la cohue, elle est bien, au reste de Paris surtout, avec tous les visages que l'on rencontre, visages habituels de grinches déterminés et aussi d'honnêtes gens, visages de filles et de lentes épousées, visages de soldats et d'employés; tous se cognent aux lumières et, étourdis, soûlés par les czardas des orgues, ils descendent l'avenue, puis ils la remontent, dans la buée chaude qui les marine, qui évoque les beaux soirs des Expositions universelles, au temps des âniers du Caire!... Oui, c'est la même luxure qui se dégage des yeux offerts, des bouches tendues; tous les gestes toucheurs de ces passantes et de ces passants que la fête foraine charrie ce soir-là?

Comme ils sont en conséquence, fêtés, les plus piètres spectacles! Le plus dénué entre-sort fait recette; on se bouscule devant toutes les baraques, les petites et les grandes : celles qui n'ont qu'un quinquet et celles où des lumières explosent! Tournevires, femmes-colosses, apothéose du vase nocturne qui tourne, enrubanné, toutes les joies et toutes les ivresses! Il fait bon vivre et regarder girer sur les lapins ou sur les vaches (on a la monture que l'on mérite!) les belles filles de Paris, aux faux-culs-strapontins, aux chapeaux droits et hauts comme des bonnets.

Suivons la foule! Elle roule par brefs remous, oscille, se balance, puis s'arrête. Voici les arènes de Marseille : la toile d'où la lutte est partie pour conquérir le plateau plus doré des music-halls. Saluons cette baraque venue du lointain des âges. Ici, luttèrent les plus notoires athlètes de la lutte gréco-romaine.

Marseille a ici deux parades. Lequel Marseille? L'ancêtre date au moins des premiers âges de l'ère humaine. Dans chaque baraque, il y a une lutteuse. J'ai vu l'une d'elles lutter avec un artilleur. C'est son habituel compère, je suis revenu plusieurs fois les voir. Le spectacle est de choix.

C'est un aspect de sournois gamin, cette fille. Elle lutte dans une défroque de maillot, parée d'une ceinture de satin fané qui passe sous son sexe, et elle est vraiment étonnante.

Elle lutte d'une façon obscène, maintenant ses jambes ouvertes, sa croupe haute.

Elle a des yeux agrandis, superbes, et le ventre menu. L'artilleur y pose sa main, il l'y laisse, pour tâcher de le retourner. Les rudes baisers qu'ils doivent se donner, qu'ils se donnent sur la nuque, sur la gorge ; ses lèvres qu'elle meurtrit ; — les vifs enveloppements qu'il tente en enserrant tout l'entre-jambes de la fille.

On la voit souple et têtue. Il l'enveloppe bien mais il ne parvient pas à la coucher, les deux épaules faisant leur trou. Elle se met bien sous lui ; elle se livre ; mais il ne la possède pas, régulièrement.

Lui joue, parbleu ! Il prend goût à l'aventure ; et il s'ouvre, autour de lui, de vifs yeux ébahis qui contemplent cette chair menue entre les grosses pattes tachées de son du soldat.

Elle lutte, emmaillottée de vert, un vert de reptile, où il y a des reflets changeants de bleu, et sur lequel tombent, en perpétuelle mobilité, de larges pans d'ombre. Et, longue et sèche, elle s'affine encore, se ploie, très liante, au torse de l'homme. Elle est, en somme, hideuse et attirante à regarder ; il flotte des odeurs de sueur et de sexe dans l'air bas de la rotonde ; et toujours cette fantasmagorique lutte des deux jambes vertes et ouvertes, qui battent l'air au-dessus du torse ployé du soldat.

Oh! ces filles de la banque, cette perversion des odeurs louches, cette carnassière odeur de femme que ne chassent pas ici les benjoins et les fards! Ces cheveux entêtants et lourds comme des casques! ces maillots à la trame légère, toute la peau qu'on respire, tout le précis d'un dessin anatomique que l'on voit, — l'esthétique des désirs de vin bleu et des nourritures rouges dans des fonds de bouges — comme il flambe encore pour tous, ici, ce soir, un prurit de luxure, dans cette atmosphère chaude, dans cette nuit à peine éclairée de la bauge!

Pour nous, chiqué pour chiqué, cela nous repose des interminables championnats, où tant de compétiteurs se malmènent pour la galerie. On nous trompe partout, certes; mais ici, devant ces bons lurons, bien gras, bien dodus, drapés à la romaine dans une toge pourpre, et prenant des airs de sénateurs retour de Suburre, il nous apparaît que s'ils s'amusent de nous, c'est sans malice, à la bonne franquette, et cela nous agrée. Nous ne pouvons vraiment pas en vouloir à ces joyeux et rudes siffle-litres qui ont une telle majesté de chie-en-lit! Entrez! Entrez! nous crient-ils dans un porte-voix tout bossué, et nous entrons et nous suivons la foule.

Et puis enfin la foule est, ce soir, tellement « fraternitaire »! Neuilly lui a dressé, tous les vingt pas, des arcs de lumière. Elle passe dessous avec des rires, avec des cris, en agitant, tels que des encensoirs, de larges tournesols!

C'est le dimanche, dans les journées de cuisants soleils, que s'exhibe plus pleinement, en un joyeux alignement, toute la merveilleuse série des jeux, — la grosse farce des baraques, le piètre des appeaux, la verve des parades singeant le pompeux, l'étourdissante ingéniosité des compères, tout le truc bon enfant et plaisant du mensonge, l'incompréhensible, le benêt, le hue donc que je te pousse! l'insouciance, la blague du forain.

La journée est lourde, et la foule se traîne en ouvrant béatement les yeux, et guignant les comptoirs étincelants, porteurs des cognacs (minces fioles) et des belles dames-jeannes de l'absinthe.

Et l'hilarité commence :

Il y a des bonshommes peints sur des planches

PARADE

avec la bouche grande ouverte, en O très majus-
cule, pour qu'on y jette dedans des boules; il y a
des loteries, aux marchands coiffés de superbes
cornets étoilés ou de farouches chapskas; il y a
des tirs, d'où l'on voit sortir le Mikado et le
Tsar; il y a l'artilleur suant sous un bonnet à
poil du premier Empire; il y a la presse des
nourrices et le tournebride des cuirassiers; il y
a les grands singes et les petits; il y a l'avenir
au bout d'un escalier aux rampes de cuivre; il
y a des musées de cire et les caïmans de Bornéo;
il y a le vire-vire des pousse-pousse, le maca-
ron collectif, l'assaut des grâces, la pompe des
ménageries et le sifflet des manèges; il y a la
foule des malandrins, des marmitons, des villo-
tières, des soldats, des chiens à trois pattes, des
phénomènes qui se baladent, des badauds qui
braient; il y a les panoramas et la lune à un
mètre; il y a les ventriloques, les paillasses et
les escamoteurs; il y a les hommes nains et les
femmes géantes; il y a les petits et les grands
orchestres; il y a la fête, la folie, le vacarme, la
tempête, le tintamarre des cuivres, le roulement
des tams-tams, le triomphe et l'apothéose du
boucan!

*
* *

Seurat était assidu aux beaux soirs de la fête de Neuilly. Il hantait aussi — curieux de toute vie moderne — les spectacles forains sur la place du Trône, à Saint-Cloud, aux carrefours des quartiers parisiens.

Il chérissait les bateleurs, les queues rouges, les dompteurs, — en un mot, toutes les attractions : belles Circassiennes, somnambules, montagnes russes, chevaux de bois, jeux de massacre, leveurs de poids, vélocipèdes, lutteurs, ménageries, ventriloques, musées de cire, lilliputiens et panoramas, femmes-torpilles et crimes célèbres vus dans des lorgnettes. Il reniflait la massive odeur des pommes frites, des cervelas à l'ail, des vins chauds et des punchs. Il aimait le bruit des machines à vapeur, des musiques, les apostrophes des parades. Il se plongeait au beau milieu de la foule ahurie, abrutie, suante, exténuée, que réveillaient parfois des facétieux, qui, en hurlant dans des mirlitons, pinçaient les fesses et fourrageaient les nuques !

Il prenait maints croquis. Il silhouetta Signo-rita Rosita de la Plata, jockey, et Miss Adrienne Anciou, la reine de l'air. Ce fut, du reste, en ces années 1885-86-87, et jusqu'en 1890, le plus vif moment de gloire des banquistes. Nous con-nûmes ainsi François Bidel, dompteur et riche propriétaire à Asnières ; Jean-Baptiste Pezon, solide comme un chêne, à la chevelure noire, — une crinière (malgré ses soixante-cinq ans) — portant un pantalon bleu, des bottes noires, une chemise blanche et la large ceinture des Garibaldiens ; Jean-Baptiste Pezon, un vrai meneur de loups, qui avait dressé Nouma-Hawa, la dompteuse au maillot chair, aux bottines rouges, au corselet rouge, — déchaînant son fouet, comme une tempête, au-dessus de son chignon d'apparat.

Devant toutes les baraques, Seurat notait des mouvements, des attitudes, des décors parfois. Il cherchait et il trouvait le « caractère » à donner à un simple entresort en toile, à bancs de bois, éclairé par des quinquets. De la belle Fathma, il passait à l'homme-caoutchouc; il s'attardait dans ces petits théâtres où l'on représentait *La Passion, La Tentation de*

Saint-Antoine ou *Geneviève de Brabant*.

Aucune odeur de ménagerie, de fritures, de vinasse ne le rebutait. Il était, certainement, comme Constantin Guys, « L'Homme des foules ». Partout, il trouvait à apprendre aussi bien chez les montreurs d'animaux : serpents, oiseaux, chats, chèvres, phoques, singes ou perroquets, — que chez les dompteurs fouaillant des lions et des tigres.

Les singes costumés du théâtre Corvi n'étaient pas moins curieux ; et le dresseur d'éléphants : cheveux et raie glacés, veste rouge à brandebourgs jaunes, pantalon bleu, bottes molles à gland d'or, prenait figure de héros.

Et quelles baraques toujours parées, alors ! La gaîté des robes à fleurs fastueusement longues ; la variété des tulles, des fausses broderies, des dorures, des étoiles en papier, des voiles de gaze, des chrysocales et des strass ; — et ce ravissement : ta confiance, ô banquiste, en ton audace, en ton toupet, à ne pas craindre de divulguer la pauvre misère de la chose que tu exhibes ; ton tonitruant vacarme de cuivres pour tirer des poches de récalcitrantes pièces de deux sous, avec une mince dépense de « phénomène », — en en faisant accroire, en persuadant, en abrutissant encore davantage le passant qui doute, en l'obligeant quand même à entrer par de plus impérieux appels, en jouant enfin à la porte la comédie de la farce?

La nuit, les nuits, comme elles nous rassemblaient tous, avec la pompe des clinquantes étoffes, des verroteries, des musiques et du luminaire!

Car, nous qui les aimions, les plus inquiétantes et les plus âpres couleurs, les rouges de cerises aigres, les verts de perroquets des îles, les jaunes de serins très hollandais, les bleus de drapeaux pour un beau 14, bleu de blanchisseuses, ô Bonnat, et profonds outremers, et toutes vos trouvailles, ô mes chers « pointillistes », tout l'arc-en-ciel des impossibles tons, les couleurs sucrées des gelées de Saint-James, le très précis drolatique des décors de villégiature, — tout cela était avivé frénétiquement par des gaz multipliés par des lampes girantes et valsantes ; — et cela passait et repassait sans merci, tournait et retournait, toujours et encore, avec, si ce n'avait été que la musique des orgues mécaniques, mais aussi le crépitement des clairons, le piaulement

de la flûte, les heurts des cymbales et l'effondre-
ment de la grosse caisse ; alors que vous, les
grappes de verres bleus, jaunes ou rouges, vous
pendiez et cliquetiez et tintinnabuliez au-dessus
de la triomphale couronne des coulées de gro-
seilles et des fruits omnicolores !

Seurat a dessiné de nombreuses « Parades ».
C'est qu'elles étaient attirantes, en ce temps-là,
les baraques où de jeunes et vieilles taupières
vous incitaient à entrer, avec renfort de casta-
gnettes et de tambourins.

Entrons encore, tenez, avec la foule... Tac !
sans plus de bruit et de pompe que ça, une
rangée de gaz s'allume ; et brusquement éclatent
des bravos quand de l'unique porte de l'immuable décor surgit la danseuse, une fille à la sèche
encolure, aux plats tétins, à la blonde tignasse
écrasant une tête sans crâne, aux aisselles velues
ainsi qu'un cœur d'artichaut. On l'aime déjà, on
le lui montre sans marchander ; et de là naissent
par enthousiasme ses faux airs de Marianne,
greffés de poupines tournures. Elle va, elle vient,
bondit, et, à un tremelo de trombone, s'arrête net ;
puis, pour la bonne fois, elle repart, tandis que
l'acclament de tempétueux applaudissements.

C'est d'abord une danse presque sage; le corset noir se tient cambré, le tutu jaune gazouille. Puis la danseuse se fait plus expressive; en un arrondi des bras elle simule un appel, apaise l'électricité de ses jambes par de brusques heurts de talon, jette à tous les yeux l'auréole de sa chair nue, la maigreur de son visage mangé par des yeux fous, des yeux de braise.

Puis, avec les deux trombones qui crèvent, la danse peu à peu se dégingande en une science consommée de l'effet. C'est maintenant un pantin mû par une ficelle, des indications lubriques avec des dessins de bras qui supplient. Alors la gaupe très vite s'allume ; elle ne domine plus ses membres, ils la poussent, l'enlèvent, et paf! malgré elle, son pied est monté à son œil, en une brusque détente de grenouille.

Et soudain éclate devant les regards rivés au même point, des regards sournois et fixes qu'hypnotise la luxure, éclate la lutte des membres qui tentent de se dégager du centre commun : le tronc. A l'envi, ils bataillent, détachent à gauche, à droite, de frénétiques ruades, touchent la terre pour rebondir de plus belle, non pas obscènes alors, mais fous à lier; les jambes s'échappant des mains qui veulent les saisir, les bras zigzaguant des gestes furibonds d'appels au secours. C'est l'épilepsie des nerfs et des muscles, le disloquement des os débiles, pendant que craquent les pavillons des trombones et que la flûte nasille. La danseuse les a ravis, ses spectateurs, et elle ne leur a pas tout dit; car elle se renverse, se ploye, allume des pointes de feu qui courent sur son costume, pétaradent en soleils, disparaissent tout à coup dans la blancheur du linge; puis la voilà qui tourne furieusement, obstinément, malgré les cris; ses cheveux dénoués battent l'air, et elle tourne, tourne, tourne.....

Mais brusquement un nouveau tremolo a enrayé ce mouvement de folie, et une hilarante mimique succède, cadencée par le régulier balancement d'un voile de gaze que la fille a pris dans ses mains, et qu'elle agite au-dessus de sa tête, tandis qu'elle fait, par les agrafes alertement détachées, tomber un à un son corset et son jupon; les tétins sont des œufs sur le plat; le ventre toisonne.

C'est le bouquet. Un clown, à son tour, surgit de l'unique porte, et emmène la danseuse

BANQUISTES (DESSIN)

qui décoche des baisers à la foule. Chacun les recueille pour soi et trépigne ; il flotte dans l'air de vagues aromes de valériane, et les sexes se dilatent.

*
* *

Seurat, aimant ces irritants spectacles, les suivant partout où, dans Paris et la banlieue, ils sévissaient, devait nous donner, des banquistes, des dessins et des peintures d'un haut style. Il n'y a pas manqué. Dans la seconde partie de ce livre, nous nous arrêterons avec une joie certaine sur tant et tant de ces choses foraines qu'il aima. Nous, nous avons essayé d'en évoquer le « milieu ». Lui, Seurat, il nous *définira*, avec une singulière originalité, les gestes les plus essentiels et les plus caractéristiques de tout ce monde singulier qu'on désigne par tant de mots : les banquistes, les forains, les saltimbanques, les bateleurs, etc. ; et dont un journal : *Le voyageur forain*, publié au n° 41 du boulevard Henri-IV, à Paris, fixait alors — et fixe peut-être encore — la vie et les étapes...

Au hasard de vos promenades, quelle amusante surprise quand vous les rencontrez, ces banquistes, dans ces jolis villages des environs de Paris, offrant, par les belles journées d'été, l'encombrement de leurs chevaux de bois, de leurs loteries, de leurs balançoires et de leurs confiseries ; — tout cela bariolé, si vivant, si plein de gaîté, sous les yeux de deux braves Pandores qui « représentent l'ordre et les bonnes mœurs » dans toutes ces kermesses, toutes saturées de fritures et toutes pleines de nasillardes et entraînantes musiques !

Quel Seurat serait capable, maintenant, d'en exprimer tout l'essentiel attrait ?...

VII

Les plaisirs du Cirque

LES PLAISIRS DU CIRQUE

Autour des années 1885-1890, les cirques publics ne manquaient pas à Paris. En l'année 1885, précisément, on inaugura le Nouveau-Cirque, édifié sur l'emplacement du bal Valentino, le rival du jardin Mabille. Aux Champs-Elysées, s'arrondissait déjà l'ex-Cirque de l'Impératrice, devenu le Cirque d'Eté, — qu'on ne démolira qu'en 1902. Le Cirque d'Hiver, ancien Cirque Napoléon, se dressait — et se dresse toujours — boulevard des Filles-du-Calvaire. A l'angle de l'avenue de l'Alma et de l'avenue du Trocadéro, s'étalerait encore jusqu'en 1893 — parallélogramme arrondi aux quatre angles — halle au toit de verre mobile — l'Hippodrome, — cirque imposant dont la piste ovale (*Une exception. On sait que dans tous les autres cirques la piste circulaire a toujours treize mètres de diamètre)* permettait d'organiser des courses de chars et de représenter d'importantes pantomimes. Deux apothéoses s'y renouvelèrent : *Néron* et *Jeanne d'Arc.* Enfin, au coin de la rue des Martyrs et du boulevard Rochechouart, on envahissait le cirque Médrano, ex-cirque Fernando.

Il semble bien que l'ancêtre des cirques aux « numéros » équestres (base des spectacles du cirque) reste *l'Amphithéâtre Anglais,* fondé vers 1786, dans le faubourg du Temple, par un écuyer nommé Astley. Les Parisiens vinrent en foule pour applaudir le sieur Astley père, présentant *Les Grandes ombres, Les Feux pyrrhiques* et plusieurs *Exercices équestres.* Du même coup, on célébra la légèreté et la prodigieuse science de l'équilibriste Sanders, du Théâtre royal de Londres, danseur fameux sur le fil d'archal.

Pendant la Révolution, Astley céda son établissement à Franconi; et l'Amphithéâtre Anglais devint le *Cirque Olympique.*

Le succès s'y installa. Alors le « père Franconi » présenta des ours savants, des lions, des tigres et des panthères pour corser ses spectacles. On vit « *le cerf Coco franchissant huit hommes et quatre chevaux ; M. Franconi tirant deux coups de pistolet entre les bois du cerf Coco ; des serins tenant un conseil de guerre ; un éléphant jouant de la vielle ou en équilibre sur un gros disque de bois* ».

Après toutes sortes de glorieuses aventures, ce cirque, incendié, reconstruit, s'installa enfin sous ce simple nom : *Le Cirque*, au boulevard des Filles-du-Calvaire. C'est le cirque rebâti, modifié encore, que l'on appelle aujourd'hui le *Cirque d'Hiver*.

C'est là que furent offerts aux Parisiens ébaubis les extraordinaires « numéros » de la famille Loyal, de Pauline Cuzent, de la famille Lalanne, de Coralie Dumas, du clown Billy-Hayden. Mais la plus haute renommée fut pour Auriol, — Auriol, ce clown illustre dont un journal de l'année 1860 commente ainsi les exploits : « A Auriol seul il était réservé d'élever son métier à la hauteur d'un art. Sauter en l'air en pirouettant trois ou quatre fois sur lui-même ; franchir à l'aide du tremplin 8 chevaux montés par leurs cavaliers, ou 24 soldats avec la baïonnette au bout du fusil ; s'élancer au travers d'un feu d'artifice, ou d'un cercle hérissé de pipes sans en briser une; improviser mille folies, tout cela semblait n'être pour lui qu'un jeu, qu'une récréation. Impossible enfin d'accomplir avec plus de facilité des choses paraisssant surnaturelles ! »

Une courte brochure, publiée en 1855, détaille encore ainsi la gloire d'Auriol :

« La partie comique du spectacle était toujours confiée au fameux Auriol, l'homme-écureuil, celui qui n'aura sans doute jamais son pareil pour la légèreté, la prestesse, la vigueur tout aérienne de ses sauts périlleux et de ses culbutes. Auriol a inventé une foule d'exercices nouveaux qui resteront comme des trophées dans les fastes de la clownerie. »

Les « lionnes » et les « lions » de la Madeleine et de la Chaussée-d'Antin se donnaient rendez-vous au cirque (on jouait, selon la saison, tantôt au Cirque d'hiver, tantôt au Cirque d'été); et ils applaudissaient, tassés dans le passage, au-dessous de l'orchestre, les brillantes écuyères Mathilde, Caroline Loyo et Madame Lejars. « La partie sérieuse, raconte encore notre brochure, était représentée par le grave et

LE CIRQUE

habile Baucher, le maître de la haute école, qui venait autrefois dans des costumes de général, auxquels il a bien fait de renoncer, présenter au public des chevaux indomptables qui manœuvraient sous ses lois avec la souplesse et la docilité de l'esclave! »

On acclama d'autres écuyères renommées : Madame Maria d'Embrun, audacieuse comme Baucher lui-même; Mademoiselle Match, montant sa jument Ariane; tandis que M. Franconi (un descendant de l'ancêtre, l'associé de l'Anglais Astley) restait le plus habile dresseur de chevaux, « continuant à les faire se cabrer, souper, boire dans le cirque et à donner la main aux dames! »

Quels étaient les prix des places dans les deux cirques?... On payait les premières : 2 francs; les secondes : 1 franc; les troisièmes : 5o centimes.

Ah! les heureux Parisiens du temps de l'Empire!

Les années suivantes, ce furent les autres « sensationnels numéros » de Léotard, l'homme du trapèze volant, — des clowns Bothwell, des frères Price, etc., etc...

D'autres écuyères devenaient célèbres : Mademoiselle Marguerite Dudlay, qui montait en « écuyer de Saumur » : culotte blanche, bottes, bicorne en bataille, — mais la fourragère était rouge ; Mademoiselle Renz ; Mademoiselle Adèle Rossi, costumée en jockey, et accomplissant un travail de voltige : Jenny O'Brien, une écuyère de panneau : jupe courte et chaussons de danseuse ; Emilie Loisset, qui fut si jolie, et qui devait mourir, en 1888, étouffée sous son cheval renversé en se cabrant.

On retrouvait les descendants des familles Franconi et Loyal ; les Franconi, ces adroits dresseurs de chevaux ; et M. Loyal personnifiait toujours le maître de la chambrière, le dieu tout-puissant de la piste.

Quel émoi quand il se présentait : sanglé dans son habit noir, souliers vernis, cheveux pommadés, une fleur blanche à la boutonnière, et, en mains, la claquante chambrière et la cravache à pomme d'or !

D'ailleurs, on retrouva tout au cirque en ces années 1885-1890 (moment où Seurat y travailla si assidûment).

On revit les chevaux, les jockeys d'Epsom, les

danseurs et danseuses de corde ou sur fil d'acier, les jongleurs, les équilibristes de tapis, sur trapèze, sur boules, etc., les antipodiens *(en argot banquiste : ceux qui travaillent avec les jambes)*, les gymnasiarques, les acrobates à la barre fixe, de voltige, les contorsionnistes, la femme-caoutchouc, l'homme-serpent, les icariens, les trapézistes, les dompteurs, etc., etc.... et enfin les clowns et leurs Augustes.

Or, quand on s'est mêlé à ces braves gens, — quand on a vécu peu ou prou leur vie, on ne peut plus les quitter. Ils ont tout ce qui est si rare sur cette morne planète : la force, le courage, l'honnêteté, la fidélité, l'admiration naïve pour tout ce qui est vraiment supérieur et méritoire. Aimez-vous les acteurs et leurs « répliques » rabâchées. Moi, j'aime mieux les sauts : le saut de pied ferme sans tremplin ni « batoude » *(sorte de tremplin)*, le saut périlleux en arrière ou en avant *(plus dur, celui-ci)*, la courbette, le saut de singe, le saut de carpe, le saut de lion, le saut arabe, le double saut périlleux, le saut planant, le saut plongeant, le triple saut périlleux, etc. Aimez-vous les pièces de théâtre et leurs niaises redites sur l'adultère, l'inceste et le bas-ventre? Je vous laisse encore tout cet équarrissage. J'aime mieux les « créations » des clowns, leur fantaisie, leur drôlerie, leurs simples et irrésistibles façons de déchaîner le rire, l'esclaffement. Vous aimez les spectacles tragiques? Les mêmes clowns, maîtres du rire, vous font aussi frissonner. Elle était belle et séduisante, la Duse; mais avez-vous vu la baronne de Rahden entrant hautainement en piste sur sa jument Janina? Qu'auriez-vous osé opposer à cette statue équestre?

L'odeur enfin du cirque! On est saisi par elle, dès qu'on aborde les trois juges du contrôle. Elle est faite de tout, cette odeur qui vous trouble, quand on aime le cirque. Elle est faite, sans doute, de l'odeur des chevaux; oui, relent d'écurie, que je connais bien pour ma part; car les ai-je assez aimés, les chevaux, au point de les avoir préférés longtemps aux femmes, à toutes les femmes! Mais il n'y a pas que l'odeur des écuries; il y a aussi, éparse, cette odeur des muscles humains, de la sueur légère ou forte qui monte vite à la peau des acrobates en piste. Et il y a aussi tous les animaux qu'un cirque peut abriter, depuis les paisibles éléphants jusqu'aux oiseaux piailleurs. Alors, cette odeur complexe — et les parfums, les rares et les vulgaires, des spectateurs! — cette odeur complexe n'est-elle pas, en quelque sorte, accentuée, vivifiée, aggravée par la folle musique de l'orchestre, par les grelots des chevaux, par les cris des Augustes, par les aboiements des chiens? J'imagine assez que c'est tout cela qui constitue l'atmosphère si spéciale, si particulière du cirque que vous m'avez tant fait aimer, ô belle Mauricia de Thiers! Oui, parfums divers, bruits, sons, tout se mêle et tout se confond sans doute en cette sorte d'entité qu'on appelle communément l'*odeur du cirque*!

*
* *

Les peintres vont généralement au cirque. Mais qu'en retirent-ils? Rien. Lautrec, Seurat et Rouault exceptés, aucun peintre pour tant de spectacles contrastés! Au demeurant, que comprennent-ils, les huiliers d'aujourd'hui. Rien — ou presque rien. Si on brûlait tous les musées, on peut avancer hardiment qu'il n'y aurait presque plus de peintres!...

Seurat demeura de longues soirées au cirque Medrano pour aboutir à ce tableau synthétique qu'il intitula *Le Cirque* — et qu'il laissa, la mort si tragiquement survenue, inachevé.

Ses dessins préparatoires, il les réalisa tous au crayon Conté, comme il l'avait fait pour un *Dimanche d'été à la Grande-Jatte* et pour *le Chahut*. Il dessinait si aisément sur de menus albums tapis dans le creux de sa main, entraîné depuis longtemps à cette incommodité par tant de croquis et par tant de petites études peintes au fond de la boîte à pouce.

VIII

Au Café-Concert

AU CONCERT - EUROPÉEN

AU CAFÉ-CONCERT

Certes, Seurat fut bien un autre « peintre de la vie moderne ». Tous les vrais spectacles l'ayant attiré : le sport nautique, le cirque, les fêtes foraines, pourquoi ne serait-il pas allé ensuite au café-concert qui, en ces années-là, de 1884 à 1890, s'épanouissait en tous les coins et recoins de Paris?

S'il existait des cafés-chantants pour les « boudinés, les gommeux et les horizontales » comme on disait alors, — il existait aussi des caf'-conc' moins fastueux où le peuple dégustait les cerises à l'eau-de-vie ou la prune solitaire, sur une tablette de bois accrochée au fauteuil du voisin. Seurat comprit nettement que, pour ses dessins caractéristiques, c'était dans ces derniers « chantants » qu'il suffisait de traîner ses grègues.

En effet, si dans les Scalas, les Eldorados et

les cafés des Champs-Elysées, roucoulaient et susurraient de cossus cabots et de délirantes divettes, habits noirs, habits rouges, et fracassants pailletés, c'était, assurément, dans les bouis-bouis des quartiers populaires que s'exhibaient, de 8 heures à minuit, les plus extraordinaires, les plus cocasses, les plus insolites, les plus exceptionnels, les plus inusités, les plus émoussés et les plus laminés des pauvres hères, croyant encore émettre un son.

Le *Concert de l'Ancien-Monde* était une de ces boîtes à puces. Il s'allumait, l'heure de la représentation venue, d'un seul globe; mais, tous les soirs, s'allongeait une foule dans cette rue étroite, elle-même à peine éclairée, où il gîtait. Du reste, on n'eût pu dire exactement pourquoi, à toutes les représentations, ce caf'-conc' de l'*Ancien-Monde* se remplissait.

Quand on arrivait — après une pénible attente — à entrer là-dedans, une odeur de pieds vous saisissait aussitôt. Malheur à qui reniflait! Il convenait de se laisser pénétrer peu à peu par la fade et vomitive odeur. **Mon Dieu!** ce n'était pas que les spectateurs fussent tous, particulièrement, plus mal tenus qu'ailleurs, donc peu lessivés ; mais le propriétaire de ce caf'-conc' l'entretenait, — par une trop extrême appréciation peut-être de *son* public, — dans un tel état d'humidité, que l'on se demandait quelle force mystérieuse et sournoise obligeait ce propriétaire à laver continuellement son plancher et ses murs.

Ainsi s'expliquaient d'autre part les perpétuelles naissances de puces, qui, de 8 heures à minuit, vous dévoraient, plus féroces et plus sanguinaires que les hordes de Tamerlan.

Un semblant d'orchestre, un semblant de luminaire, correspondaient ici à un semblant de chanteurs et de chanteuses.

Ce qu'on avait pu rassembler, en fait de « numéros », dépassait tout.

Jamais on ne vit pareilles gueules en biais, jamais pareilles faces de vieux bobêches. Des débutants et des débutantes y lançaient de leur côté des serinettes apprises en trois ou quatre répétitions dans les fonds de boutique des éditeurs de chansons, au boulevard de Strasbourg. On notait ainsi Dumay, la nounou ; — Lapal, le vieux collégien, — la Thomas, diseuse à voix, — le joyeux tourlourou Duparc, — les duettistes Polly, etc., etc.; et, une fois par semaine, le vendredi, jour de gala, un notoire « numéro » du boulevard, homme ou femme, montait jusqu'au caf'-conc' de l'*Ancien-Monde* et régalait la salle.

Ce jour-là, il fallait mettre, malgré les flics, des chaises supplémentaires dans les passages. Le concert, du coup, en fumait. Par un soir d'hiver, ça sentait l'étable et « le doux ». On ne respirait plus. Ça « clapotait! »

Mais quels croquis à prendre! quels dessins singuliers! L'extrême poncif poussé à bout! Quelle naïveté, quelle puérilité, quelle maladresse des chanteurs et des chanteuses, que la salle, tout entière, soulignait en gueulant!

Seurat, venu de son atelier tout près de là, était conquis par tant de niaiserie. Il recherchait partout la simplicité, comme le rudiment des gestes et des attitudes. Le moyen de ne pas s'émerveiller devant tous ces « chie-en-lit » risibles, tout en bois, qui ne savaient que faire de leurs mains, et lançaient au public des couplets redressés ou mous!

C'est à ce même caf'-conc' que Seurat commença ses premières études pour *Le Chahut*, une de ses plus grandes toiles. C'était unique, ce vieux reste du quadrille de Mabille et de Valentino, venu échouer là. On dansait cela à la fin des « numéros », juste avant la petite pièce qui bouclait le spectacle. L'Exposition universelle de 1889 allait s'ouvrir; on s'y préparait en gambillant.

Au caf'-conc' de l'*Ancien-Monde*, les danseurs et les danseuses étaient fournis par des « sujets » de l'Elysée-Montmartre. Seurat a totalement modifié, stylisé les visages; mais la petite histoire garde les noms des danseuses : *Coccinelle* et *La Housarde*, des danseurs : *L'Artilleur* et *Blondinet*, qui levèrent les jambes devant lui.

Avenue de Clichy, d'autres caf'-conc' réjouissaient le peuple — et enchantaient Seurat. Sorti de son atelier, il n'avait que quelques pas à faire pour tomber dans ces gourbis, plus insolites vraiment les uns que les autres. C'était bien là que se vidait tout le déchet de ces pauvres bougres et de ces jeunes et vieilles garces qui font les beaux soirs, en province, des villes de garnison. Des titres de chansons vous faisaient rêver, vous plongeaient au plus profond de la bêtise. On entendait rugir, bêler, gringotter, jacasser, gémir, coqueliner, nasiller, siffler, tirelirer, roucouler, râler, bramer ou glapir des romances telles que celles-ci : *Adieu, ma Philomène! — Aubade à ma belle, — Buvons aux Femmes de France, — Les cadeaux de ma femme, — Chantez, gais rossignols, — Les cocus du Paradis, — Fêtons l'amour, mignonne, — J'ai le mirliton bouché, — Laissez-moi vous aimer! — Loin de vos yeux si doux, — Ma Ninette aux yeux bleus, — Mignonne, c'est l'Amour qui passe, — Mon parrain Cliquot, — Rendez-moi ma jeunesse*, et ce chef-d'œuvre : *Mignonne, mets ta robe rose*, — que le public scandait, de toutes ses gueules rouges!...

Or, vous n'ignorez pas que chacune de ces chansons imprimées, est, à la première page, généralement ornée d'une lithographie, qui commente les paroles. Cette « illustration » est toujours un régal des yeux. Il est totalement vain, en effet, d'assigner ici des bornes au dessinateur. La bêtise sentimentale, le rococo du sujet, l'exécution d'une rare maladresse, toutes ces sottises pilées ensemble, malaxées par un lithographe aveugle ou idiot, vous gratifient d'images qui, plus sûrement que de savants moxas ou de précieux calmants, vous dilatent la rate et abrègent les heures noires...

Seurat, un moment, eut la pensée de dessiner quelques-unes de ces images. Une fois, il avait déjà préparé, dans cet ordre d'idées, une étude pour la couverture d'un roman : *L'Homme à femmes (La ménagerie sociale), par Victor Joze*; et sa réussite avait été certaine. Rien n'était plus étonnant, en effet, que ce gandin en veston, haut-de-forme, cambré de face, avantageux et sûr de ses reins, devant un groupe de femmes habillées à faux-culs et à vrais culs, j'espère, qui tournaient la tête vers sa belle gueule à la Almaviva. La disposition des noms du livre et de l'auteur, était, elle-même, excellemment mise en place. Je ne sache pas que Seurat ait donné suite à cette idée, qui était, du reste, dans l'air, puisque, quelques années seulement plus tard, Lautrec, H.-G. Ibels, Bonnard, etc., devaient fournir des dessins de couvertures pour des chansons, des monologues et des partitions de musique.

Ce qui est à noter, ici, en passant, c'est que Seurat, par ses dessins et par ses peintures, se montra scrupuleux copiste de la mode féminine.

Partout, dans ses croquis de fêtes foraines, de café-concerts, à la Grande-Jatte, dans toute son œuvre, on retrouve le chapeau élevé, espèce de tronc de cône, qui coiffait alors les femmes : et, quant au faux-cul ou strapontin, il est encore, pour Seurat, un objet sacré.

Ah ! ce faux-cul ! Il commence de poindre, bas arrondi, en l'année 1882. Il se redresse gaillardement en l'année 1883, toujours avec des robes longues. En 1884, il est orgueilleux, bombé. En 1885-86 il est tout-puissant, confortablement, prétentieusement installé sur le haut du derrière féminin ; et il n'en déloge, l'encombrant accessoire, qu'à l'Exposition universelle de 1889.

Seurat, jusqu'au dernier jour, le respectera. C'est presque, dans sa conscience, une mode qu'il impose, qu'il se plaît à préciser. C'est *sa* femme à lui, *sa* silhouette féminine. Un connaisseur en pur-sang peut dire en voyant plusieurs pur-sang de la même robe : « Voici *Sardanapale*, voici *Verdun* » ; un connaisseur en violons peut dire : « Voici un Guarnerius, voici un Amati » ; — de même, si une femme dessinée ou peinte — linéairement — à vos yeux se présente, coif-

CHAHUT

fée du tronc de cône et portant un faux-cul,
n'hésitez pas : c'est une femme de Seurat.

Au caf'-conc', Seurat, tellement amoureux du
contraste, n'y allait que le soir, au moment
des éclairages consentis : la chanteuse dans la
lumière de la rampe, les spectateurs presque à
contre-jour. J'écris : *presque*; car les globes de
lumière sont souvent rares dans les bouis-bouis.
Mais tout, tel que cela se présentait, enchantait
ce travailleur opiniâtre. De la lumière et toutes
les valeurs de l'ombre, c'était tout son plaisir.
Il ne cherchait pas dans les cafés-concerts à y
faire des semblants de portraits, comme le fit
Degas, par exemple. Les noms des chanteuses
et les romances qu'elles débitaient lui impor-
taient peu également. Il pouvait revenir cent
fois dans le même café-chantant puisque, lui,
Seurat, il n'était attiré que par les jeux de la
lumière. *Ses* personnages, il les dessinait singulièrement originaux et synthétiques.

Et, par cela même, il nous laissait deviner
tant de choses!... Quand il dessinait, il per-
çait résolument le nuage que formait la fumée
des pipes, des cigarettes et des cigares. Il mettait des halos de blanc tout autour de la chan-

teuse en scène; et il noircissait nettement les spectateurs assis à l'orchestre, face au trou du souffleur. Ainsi, il suppléait — par amour du contraste — à la pauvreté du luminaire; et c'était toujours un beau dessin contrasté de plus !...

IX

Grands et petits ports de mer

GRANDS ET PETITS PORTS DE MER

Ceci est acquis : soldat à Brest, Seurat prend le goût de la mer; et, lors de ses « permissions » (argot militaire), il suit la côte française de la Manche jusqu'à Dunkerque.

Il s'arrête à Grandcamp, à Port-en-Bessin, à Honfleur, au Crotoy, à Gravelines, etc. ; — ports et plages où il dessine — et où il reviendra au cours des années 1885-86 — jusqu'en 1890.

La Manche est bouillonnante, coléreuse, le plus souvent grise et jaunâtre. Seurat la verra toujours sereine, lumineuse, à l'image de son tempérament.

Grandcamp-Isigny. Ici, croupissaient d'anciens marais que la culture a taris. On penserait à la Hollande, devant ces immenses prairies, si l'on ne voyait pas cette profusion plus complète d'arbres, saules et peupliers — et ces petits murs où se hérissent des aubépines et des ronces. Grandcamp était, au temps de Seurat, un bourg de pêcheurs, avec de basses maisons de rudes pierres que léchaient, hostilement, les vents du large ; aujourd'hui, c'est Grandcamp-les-Bains, avec villas, cabines, et tous les mufles des villes qui insultent à la majesté de la mer.

Port-en-Bessin, dans une cavité des abruptes falaises du Calvados, port de pêche et port de refuge, exhibe aussi, hélas! des villas et des baigneurs. Mais, il y a trente ans, quelle solitude, quelles minutes sans cris humains que sonnaient seulement les puissantes lames lancées à l'assaut des rocs!

De même, Le Crotoy offrait un coin propice. C'était aussi un bourg ; et, de ce bourg de pêcheurs, on en aimait les lourdes barques, les pesantes barques goudronnées, aux ventres ronds, reposant sur la terre vaseuse du port.

Gravelines se présentait comme un petit port anglais. Des bateaux y venaient déjà de Rotterdam et d'Anvers. Ils emportaient des denrées agricoles, et ils revenaient chargés de ces mille choses exotiques qu'on arrache à l'archipel d'Insulinde.

Le Bec-du-Hoc, Bas-Butin, etc., se montraient encore à Seurat. Mais quel plus complet spectacle lui accordait Honfleur !

Port attrayant, dont les maisons s'étagent en amphithéâtre sur les coteaux. Copieuse nature morte, si l'on peut dire, à voir les amas de volailles, de fruits, d'œufs et de légumes, que toute la Basse-Normandie recueille pour le ventre de Londres. Port de pêche aussi et de grands navires. De la côte de Grâce, on domine le vaste panorama de la baie. Près de là, toujours sur les bords de la baie de la Seine, ce sont Harfleur et le Havre ; mais Seurat préféra Honfleur, où il fit de nombreux dessins et de nombreuses peintures.

A partir de 1885, en pleine possession de *sa* méthode, il peint *La rade de Grandcamp*, le *Fort Samson, à Grandcamp, Ruines à Grandcamp, Mouillage, Echouage, Le Bec-du-Hoc*, etc. L'année 1888, il représente *L'entrée du port de Honfleur, La « Maria », à Honfleur, Coin d'un bassin à Honfleur, L'Hospice et le phare à Honfleur, Bout de la Jetée à Honfleur*, etc. En 1888, il peint à Port-en-Bessin : *L'avant-port à marée haute, L'entrée de l'avant-port, un dimanche.*

1889, il fait un court séjour au Crotoy. En 1890, il s'attarde à Gravelines, d'où il rapporte un grand nombre de dessins et d'études peintes, — peintes toujours sur les planchettes de la boîte à pouce !

C'est toujours, tout cela, les « manifestations picturales » d'un esprit très méthodique, que ne peuvent distraire ni les accès de colère de la mer ni des caprices de fiévreuse agitation. Il ne voit la mer que *calme*. Que lui importe qu'elle soit *houleuse*, *creuse*, qu'elle *moutonne*, qu'elle soit *dure*, qu'elle *brise*, qu'elle *déferle !* Il ne la voit aussi que pailletée des mêmes couleurs ; et il ne s'inquiète pas de l'analyse chimique des eaux, aux diverses profondeurs de la mer, sous l'influence de la latitude, de la température, etc. Tous les sels que l'on y trouve : la soude, la chaux, la magnésie, l'ammoniaque et la potasse, — puis les acides sulfurique, hydrochlorique, des traces d'acide carbonique, d'iodures et de bromures, etc., tout cela ne lui dit rien. Il laisse tout cela à Ruskin. Intensité des vents, direction des courants, gisement, configuration des côtes et des bas-fonds, c'est encore pour Seurat des choses

LA RADE DE GRANDCAMP

secondaires. Sa volonté de synthétisme est trop forte pour qu'il se laisse entraîner par tous ces détails, si importants qu'ils soient. Il abandonne — comme il aimait le répéter —, « à de plus savants que lui le soin de démêler, dans l'obscurité des causes finales, le rôle que joue la mer dans l'harmonieux système du monde; de spécifier les causes astronomiques, géologiques ou autres de ces mouvements alternatifs et réglés qui constituent le flux et le reflux, le *flot* et le *jusant*, comme disent les matelots; d'établir les conditions locales de ces courants divers, littoraux ou sous-marins, observés dans certains parages ». Ces phénomènes n'ont pas une relation assez directe avec la peinture pour que lui, Seurat, il doive s'en occuper.

Aussi, ne vous étonnez pas de cette « uniformité picturale » que vous retrouvez dans toutes les toiles de ce peintre. Elles contiennent plus ou moins de lumière; mais elles sont toutes à l'état de toiles sereines, à apparence de fresques.

Les bateaux, remorqueurs ou bateaux de pêche, sont également — à travers le tempérament de Seurat — toujours sages, *même lors-qu'ils courent la mer*. Aussi, comme il les dessine complètement, *linéairement*, peut-on dire ! Nous développerons cela plus loin ; mais il faut déjà noter qu'il connaît par cœur tous les noms de ce pittoresque organisme que l'on appelle un bateau. Il sait se démêler dans cet amas de cordages, de voiles, de vergues et de mâts. Il sait que tout, ici : une cheville, un anneau, une poulie, le plus petit bout de toile ou de filin, a une utilité. Il en sait même plus qu'il ne faut, semble-t-il. Sur de petits carnets, il a dessiné la *quille, l'étrave, l'étambot;* les mâts : *grand mât, mât de misaine, mât d'artimon et les hunes* — et les mâts de supplément : mâts de *perroquet* et mâts de *cacatois*. Il sait comment placer — sans une faute — les *vergues*, les *haubans*, les *étais*, les *drisses*, les *balancines*, etc. On a retrouvé sur un de ses carnets cette lyrique page : « Les mâts sont si élancés, si fins, si gracieusement étagés dans les airs. Et ces vergues qui les coupent en croix de distance en distance, et qui montent de plus en plus minces et de plus en plus courtes, jusqu'à leurs grêles sommets ; ces hunes à jour dont la blancheur se détache au milieu des haubans comme un bois de harpe sous ces cordes renversées; et ces milliers de manœuvres tendues dans tous les sens, de haut en bas, de tribord à bâbord, de l'avant à l'arrière, séparées, confondues, parallèles, obliques, perpendiculaires, croisées de cent façons, et toutes fixées, propres, bien peignées, vibrant au moindre souffle; tout cela si harmonieux, si complet, si admirablement assorti dans ses moindres détails, qu'une coquette ne mettrait pas plus d'art et de magie dans les dispositions voluptueuses de sa parure de bal! »

Ceci était aussi noté :

« Et pourtant ce n'est rien encore, ce n'est que la machine du navire. Il faut voir cette machine s'animer sous un souffle, et devenir le véritable coursier de l'Océan.

« Montez sur le quai du port, regardez bien ce vaisseau qui appareille. Voyez! un frémissement de vie court dans tous ses membres. Il répand son équipage sur son pont, dans ses hunes, le pend à ses vergues et le jette par grappes sur ses haubans. Les poulies crient sous les cordes; ses grandes voiles s'étendent sur leurs ralingues ; les vergues montent lentement vers les barres ; les focs échancrés flottent en écharpes, secouant joyeusement leurs écoutes ; le pavillon national s'élève et se déploie majestueusement sur le couronnement du vaisseau, pendant que sa flamme capricieuse s'agite et claque comme un fouet au sommet du grand mât.

« Tout à coup, voilà que le mouvement se communique à la masse entière, on lève l'ancre qui mordait le fond, le vaisseau s'ébranle, ouvre au vent toutes ses voiles, bondit de joie sur la houle, et part.

« Voyez comme son étrave et sa poulaine coupent tranquillement devant lui l'air et l'eau ! comme il glisse au milieu de la ceinture d'écume qui danse autour de ses flancs !

« Mais la roue tourne, le gouvernail fait un mouvement. Avez-vous vu avec quelle précision cette vaste machine a suivi l'impulsion d'un faible morceau de bois ; comme les voiles, un instant *faceyantes*, ont retourné leurs larges ballons à la brise, et comme le vaisseau, qui semblait dormir, couché sur le flanc gauche, s'est relevé avec grâce et dignité, pour se recoucher mollement sur le flanc droit? Il s'éloigne, il quitte la rade... en adieu!... »

A Honfleur, les chantiers lancent de grands navires à la mer. Seurat suivait avec amour, en dessinant, tous les détails de leur construction. Ils ne sont pas représentés dans son œuvre picturale, ces puissants coureurs d'Océan; car Seurat dédaignait « l'emphase » dans ses toiles; mais ceci s'imposait : partir de ces hauts modèles pour peindre avec passion les moindres bateaux qu'il choisissait : *La Maria*, par exemple.

Seurat s'en est donc tenu à de petits remorqueurs, à des bateaux de pêche, à des barques, à de petits voiliers. Tout cela est aussi éloquent, d'ailleurs, qu'un considérable navire; et les flammes et les oriflammes et les drapeaux qui claquent au sommet des mâts de ses bateaux, dans sa toile : *Port-en-Bessin, un dimanche*, sont aussi coquets, aussi farauds, aussi présomptueux, certes, que les pavillons nationaux qui couvrent d'orgueil un vaste trois-mâts ou un navire de guerre.

Pendant des années, Seurat est l'hôte de la

mer ; mais il s'en tient à ce bras de mer qu'il connaît bien : la Manche. Nul doute que s'il eût vécu plus longtemps, il fût allé, lui aussi comme son ami Signac, vers des Saint-Tropez, des Antibes et des Cannes, au bord de cette Méditerranée si poignante de bonheur ! Il eût baigné dans cette eau si magnifiquement, si diversement colorée, son esprit, qui était tout reflet de la sagesse antique : le calme et la parfaite mesure. Et son style est si pur, si noble, qu'il nous semble que Seurat eût été encore plus à l'aise, le pinceau à la main, devant les majestés réunies du ciel et de l'eau, que la nature, au bord de ces rivages enchantés, presque continuellement, berce d'amour !...

X

Les ateliers de Seurat

COIN D'UN BASSIN, HONFLEUR

PHOTO-DRUET

LES ATELIERS DE SEURAT

A l'âge où l'on croit à l'amitié, à la vie elle-
même ; — à l'âge où l'on rêve de partager tout
avec un autre adolescent comme soi-même, voici
Aman-Jean et Seurat installés dans un petit
atelier de la rue de l'Arbalète. Ils sortent à
peine de l'école des Beaux-Arts, cette Académie
morne et caduque, qui encombre inutilement
un coin du beau Paris ; ils sentent, tous deux,
qu'ils doivent échapper le plus tôt possible aux
creuses et absurdes leçons de leur professeur.
Le meilleur moyen, c'est l'atelier en commun
où l'on échangera ses impressions, où l'on
accomplira chacun à part soi une tâche ; où l'un
tour à tour complètera le travail de l'autre.
Beau rêve puéril qui trouve toute son explication dans le commencement de deux existences.

Pourquoi ces deux jeunes peintres sont-ils

allés si loin, de l'école de la rue Bonaparte à
ce quartier Panthéon-Mouffetard? C'est que ce
quartier est indigent; — et comme il attend par
surcroît, de jour en jour, la pioche des démolis-
seurs, les logements y sont réservés aux étu-
diants pourvus de maigres ressources par des
familles récalcitrantes, peu enclines à voir dans
une carrière artistique une avouable profession.

Là, les deux élèves-peintres travaillent, mieux
qu'ils ne travaillèrent à l'école. Aman-Jean a
gardé le vif souvenir de longues après-midi passées à dessiner et à peindre soit une nature
morte, soit un de ces « modèles », homme ou
femme, qu'ils connurent dans l'atelier officiel.
Ils s'encouragent, alternativement, à secouer, à
jeter bas l'enseignement borné de leur professeur
Henri Lehmann. Hors de l'école, ils découvrent
dans une atmosphère naturelle, désempuantie,
de nouvelles et meilleures façons de dessiner;
ils côtoient la vie, le mouvement, l'expression;
ils progressent, devenus plus intelligents, étant
plus libres; et c'est là qu'un beau jour, presque
soudainement, Seurat réalise, au crayon Conté
l'admirable portrait d'Aman-Jean.

Puis, c'est la séparation forcée des deux jeunes

hommes. Seurat s'en va à Brest, vers une autre discipline plus barbare encore que celle de l'école : le service militaire.

Délivré, il s'installe au N° 19, rue de Chabrol.

C'est le comte Gilbert-Gaspard de Chabrol Volvic, préfet de la Seine (1773-1843), qui a donné son nom à cette voie formée en 1822. Mais de quelle détestable rue on a honoré le nom de l'Haussmann de cette époque ! Rue de ce dixième arrondissement dont j'ai parlé au début de ce livre ; rue entre le boulevard de Magenta et la rue Lafayette ; rue à existences serrées que l'on devine si aigries, si éteintes ; rue à petits commerces étroits et âpres ; — mais Seurat se trouvait là, près de l'appartement de sa mère, chez laquelle il prenait ses repas.

L'atelier fut bientôt tout garni de ces études peintes qui sont, dans l'œuvre de Seurat, autant de merveilleux petits tableaux. On voyait des paysages de la campagne, des paysages de la banlieue, des coins de Paris, des études peintes à Asnières et à la Grande-Jatte, des paysages maritimes.

Comme meubles, une banquette, des chevalets, le strict nécessaire. On se trouvait chez un peintre pour qui l'accessoire saugrenu n'avait aucune signification. Cet atelier n'attirait certes point les visiteurs, ces bavards. Et ce peintre qui travaillait toujours, muet, un peu distant, comme toujours au plein de l'austérité de sa tâche!

Ah! on était loin de ces ateliers mondains des « officiels » de l'avenue de Villiers et des rues environnantes; ateliers des Clairin, des Benjamin Constant, des Cormon, etc.; ateliers tout garnis de divans, de tapis, de menues tables découpées, de lances arabes, de sabres de mameluk, de casques de guerre, de tabatières ornées, de parapluies historiques! Et l'on n'y servait point le thé; ils n'y apparaissaient point les ministres et les bas-bleus et les vieilles poulinières des salons académiques!...

Seurat resta dans la même atmosphère bourrue, quant à son atelier, quand il vint s'installer ensuite au N° 128 *bis* du boulevard de Clichy, — à côté de son ami Paul Signac, qui avait, lui, son atelier au N° 130 du même boulevard.

Mais, cette fois, combien différent était le quartier choisi!

Autant le quartier Magenta-Chabrol vous verse le froid, l'ennui, autant le quartier de la place Clichy est pittoresque, vivant. Car le N° 128 *bis* du boulevard de Clichy était — et est encore — tout à côté de cette place, où, autour de la statue du maréchal Moncey, se dégorgent tant de rues et tant de boulevards de caractères si divers, — amalgame de tous les hôtes de Paris : ouvriers de la Fourche, rentiers et petits commerçants du boulevard des Batignolles, employés vomis par la rue d'Amsterdam, filles publiques et « barbeaux » descendus des boulevards de Clichy et de Rochechouart. Ce n'est pas dans un creuset, mais sur cette place glorieuse que se mêle, que bouillonne, que cuit toute cette sorte de bouillabaisse humaine, — tous ces hommes, toutes ces femmes et tous ces gosses qui forment le courage, le travail, la crasse, la sueur, la fainéantise, le jeu, la prostitution de Paris.

Seurat fit bien d'échapper à l'aigre tranquillité du quartier élu par ses parents. Ici, il prit peu à peu le goût d'une curiosité plus renouvelée, plus riche en émotions ; et, avec plus d'années, quelle autre fresque il nous eût donné — il en parla maintes fois ! — en représentant la fourmillante *place Clichy*, en pendant à son magnifique tableau : *Un dimanche d'été à la Grande-Jatte* !

Signac parti pour habiter Auteuil, Seurat aussi déménagea ; et il vint se loger passage de l'Elysée des Beaux-Arts, ce passage qui commence boulevard de Clichy et finit rue des Abbesses.

Passage qui doit son nom à un ancien bal public : *L'Élysée des Beaux-Arts*. Passage qui grimpe, et qui se terminait, au temps de Seurat, par un jardin appartenant à Pertuiset, le tueur de lions, dont Manet a peint le portrait. En 1884, on mit en train la construction de l'église Saint-Jean (briques creuses et ciment armé !) sur l'emplacement de ce jardin. Passage de province, dirait-on, avec des hôtels borgnes, des teintureries, des blanchisseries et divers petits métiers.

L'atelier restait toujours sévère. S'il s'encombrait, c'était uniquement de boîtes de couleurs, de brosses et de pinceaux, d'escabeaux, de chevalets, d'une échelle pour peindre dans le haut d'un tableau. L'immuable banquette que l'on avait vue rue de Chabrol continuait d'être comptée parmi les meubles du nouvel atelier.

C'est là que Seurat peignit *La Parade, Les Poseuses, Le Chahut, Jeune femme se poudrant, Le Cirque*, etc.

On voyait toujours sur les murs de ce nouvel atelier (qui fut le dernier atelier de Seurat) tous les dessins — et toutes les petites études peintes auxquelles il tenait tant. Toute sa vie d'obstiné, de fécond travailleur — répétons-le — qui le jetait partout, partout où il trouvait un motif à représenter. Car nul ne fut plus curieux de la vie contemporaine. Peintre des fêtes foraines, du cirque, de la Seine et de ses barques, des cafés-concerts, des petits ports de la Manche, etc., etc., il avait étudié avec la même ardeur la pleine campagne, les paysans, la banlieue de Paris. Parmi ses planchettes de boîte à pouce, on a retrouvé *Les ruines des Tuileries,* — *La rue Saint-Vincent, à Montmartre,* — *La Tour Eiffel.* Il a dessiné des natures mortes : *Des roses dans un vase,* un *chapeau,* des *souliers,* etc., etc. Il a dessiné un *Fort de la halle,* des *Paysans, La place de la Concorde.* Il est allé maintes fois au Jardin des Plantes pour y étudier les singes, voulant en placer un dans son *Dimanche d'été à la Grande-Jatte.* Il a dessiné des portraits : les portraits d'Aman-Jean, de Paul Signac, de Paul Alexis, — ceux de son père, de sa mère. Il a peint sa compagne (*La*

femme qui se poudre); des Nus : *Les Poseuses,*
etc., etc.

Voulait-il « boire un peu d'air », comme tout
Parisien que trop de claustration étouffe? Il
partait pour Chailly-en-Bière, Barbizon, qui
s'illustrent d'être à côté de la forêt de Fontaine-
bleau. En allant au Raincy, occasionnellement,
il poussait jusqu'à la forêt de Bondy. Accompa-
gnait-il son ami Aman-Jean, né et allant à
Chevry-Cessigny, ils s'attardaient tous deux
dans la forêt d'Armainvilliers; et Seurat, attentif, observait, prenait des notes, synthétisait les
meules, la grande route, le blé et les arbres.

Jamais il ne laissait une minute défaillante.
Comme d'autres surmènent leur cœur, lui, il
surmenait ses facultés d'observation, il les poussait jusqu'à l'extrême; et sa main devait, tout
de suite, réaliser ce qu'il venait de voir.

Toute une œuvre égarée, perdue, aujourd'hui;
— petits albums que les années dispersent,
anéantissent, sans que l'on sache pourquoi ni
comment; alors que, de tant de peintres médio-
cres, le moindre papier crayonné est classé,
catalogué, mis soigneusement en ordre pour
l'admiration des siècles à venir!.....

LA FEMME QUI SE POUDRE

XI

Les Indépendants

LES INDÉPENDANTS

La première « manifestation publique » de Seurat eut lieu en l'année 1883, où il fit recevoir, au Salon officiel du Palais de l'Industrie, le portrait au crayon (grandeur nature) de son ami Aman-Jean — et que le livret intitula : *Broderie (sic)*, titre d'un autre crayon refusé par le jury.

Mais son véritable début fut le 15 mai 1884, à la libre exposition du baraquement B de la cour des Tuileries, où il avait envoyé la grande toile intitulée : *La Baignade.*

En voici un souvenir par cette lettre à moi adressée par Paul Signac, l'actuel Président de la Société des Artistes Indépendants :

« Au printemps de 1884 — (*je copie*) — des affiches furent collées sur les murs de Paris : *Groupe des Artistes Indépendants. — Baraque-*

ment des Tuileries *(entre les pavillons de Flore et de Marsan)*.

« Ce fut une ruée ! A ce moment nulle exposition, nulle galerie, nul marchand pour les jeunes peintres. Beaucoup de refusés au Salon (c'était de ce groupe qu'était parti le mouvement). — Nous, Odilon Redon, Seurat, avec la significative *Baignade*, Cross, avec un tableau sombre, Angrand, Dubois-Pillet, moi-même, nous fûmes très mal placés. Au vernissage, ma toile *Quai d'Austerlitz* n'était pas accrochée. Je soudoyai un des garçons du buffet, et j'obtins de placer ma toile au-dessus des cafetières fumantes.

« L'administration fut très fantaisiste ; il y avait des fonds assez considérables (cotisations et entrées) ; jamais les exposants ne purent obtenir des comptes d'un « Comité » composé de soi-disant peintres dont personne ne se rappelle plus les noms.

« Sur un carnet figuraient des dépenses de ce genre :

« Canne à pêche : 8 fr.5o.

« Soudoyé un concierge : 5 francs.

« Les exposants firent alors une réunion présidée par Redon, qui, à l'ouverture de la séance se trompa et proclama : « Mesdames, Messieurs, la séance est levée ! »

« C'est là que je fis la connaissance de mon voisin : il s'appelait Seurat. Les membres du comité du *Groupe* n'osèrent pas comparaître ; et, à l'issue de cette séance, les exposants décidèrent de former une société rivale, la *Société* des Artistes Indépendants, dont les statuts furent rédigés par Dubois-Pillet et par Jaudin.

« La première exposition eut lieu la même année, en hiver, au pavillon de la Ville de Paris, Champs-Elysées, « *au bénéfice des victimes du choléra !* »

Cette exposition, ouverte le 10 décembre, fut, d'ailleurs, un désastre. La neige, tombée en abondance, bloqua le pavillon, l'isola comme au milieu d'une vaste steppe. Aucun visiteur n'osa s'aventurer dans ce nouvel Alaska. Il y eut 138 exposants, dont voici quelques noms : Bastien-Lepage, Mademoiselle Bashkirtseff, Angrand, Cross, Dubois-Pillet, Guillaumin, Jaudin, Redon, Schuffenecker, Seurat, Signac et Valton.

Un nouveau comité, composé de onze membres, avait nommé comme président le peintre

Guinard; et les vice-présidents étaient Dubois-Pillet et Odilon Redon.

Ici, il convient de raconter tout au long les vrais débuts tragiques, comiques, de la *Société* des Indépendants. Car on croit généralement que cette Société prit naissance et se constitua — à part les quelques faits que vient de noter Signac — d'une façon en somme assez aisée.

Un rapport adressé par les exposants au Conseil Municipal vous édifiera complètement sur la naissance et les premières années de cette Société qui, aujourd'hui, est si prospère, trop prospère même par suite d'un trop grand nombre d'exposants.

Ce rapport est daté du 2 juillet 1885. Le voici, à cause de son vif intérêt, *in-extenso* :

REQUÉTE AU CONSEIL MUNICIPAL
Société des Artistes Indépendants

« Vers le milieu d'avril 1884, des circulaires ayant annoncé qu'une exposition libre allait avoir lieu et que les Artistes qui voudraient y prendre part étaient priés de se rendre au café Montesquieu, il y eut à cette époque plusieurs réunions : *le Comité s'était, bien entendu, formé avant la première convocation*. Des démarches ayant été faites par lui auprès de M. Alphand, il obtint le baraquement de la place du Carrousel. Dès ce moment les adhésions affluèrent; il suffisait pour exposer de verser onze francs contre lesquels on vous remettait, on n'a jamais su pourquoi, un reçu de dix francs. Il fut alors question de se former en société régulière, mais le Comité s'y opposa, prétextant des difficultés à vaincre pour arriver à ce résultat : on prit donc le titre de Groupe des Artistes Indépendants et l'on bâcla un semblant de règlement dans lequel un membre intelligent parvint à grand peine à faire insérer qu'une réunion de 25 membres pourrait convoquer les exposants en Assemblée Générale.

« Les œuvres et les droits d'exposition arrivèrent dès le 1er mai, et aussitôt la guerre éclata dans le Comité, qui était composé de M. M.... (*Nous ne donnons pas des noms aujourd'hui tout à fait oubliés*). Les membres de ce Comité ne se conformèrent en aucune façon aux garanties administratives qui leur avaient été imposées ; le désordre régnait dans les finances, les comptes se tenaient sur des bandes de journaux, le caissier puisait dans la caisse, menaçait de son revolver ceux qui demandaient des vérifications ; et le soir, à la sortie, les membres du Comité s'attendaient au coin des rues pour régler leurs différends à coups de canne, puis ils se rendaient chez le commissaire de police l'un après l'autre pour se faire arrêter mutuellement; des scènes de pugilat eurent lieu plus tard dans l'exposition même; le scandale s'ajoutait à l'incapacité.

« Des bruits inquiétants circulaient parmi les exposants, qui reçurent une protestation imprimée, signée d'un des membres du Comité dans laquelle il signalait des malversations. On demanda à grands cris une Assemblée générale que la majeure partie du Comité s'efforça d'ajourner jusqu'après l'ouverture, craignant avec juste raison que l'autorité avertie des détournements qu'il était impossible de cacher, plus longtemps n'empêchât d'ouvrir l'exposition.

« Quelques jours après l'inauguration la réunion eut lieu ; le trésorier accusé ne se défendit que par des grossièretés : on nomma une Commission de contrôle qui ne put rien obtenir de l'incapacité et surtout de la mauvaise volonté

PHOTO-DRUET

MAISON DANS UN PAYSAGE

du Comité; à la séance suivante, le trésorier, payant pour tout le Comité, fut chassé, mais il fut impossible d'obtenir du Comité aucune explication acceptable sur les dépenses faites et sur le déficit qui se montait à plusieurs milliers de francs.

« Enfin, d'accord avec le Comité, il fut décidé par vote que les comptes seraient apportés le 29 mai; malgré son engagement formel, le Comité envoyait deux jours après une circulaire fixant au 18 juin le compte-rendu de la situation financière. Outrés de cette manière d'agir, quelques exposants se rendirent quand même à la séance contremandée, et s'étant trouvés en nombre plus que suffisant pour profiter de l'article du règlement leur permettant de provoquer une Assemblée générale, ils signèrent une protestation qui fut imprimée et distribuée à tous les exposants qu'ils convoquèrent pour le 3 juin; le Comité prévenu ne se rendit pas à cette convocation, non plus qu'à la suivante qui eut lieu le 9 juin. C'est à cette séance que les exposants fatigués de la conduite d'un Comité qui échappait à leurs volontés avec une méprisante ironie, et sentant qu'il fallait ou sortir de cette voie ou renoncer à tout jamais aux expositions projetées pour les années suivantes, votèrent la proposition ci-contre :

« *Les membres du Groupe des Artistes Indépendants déclarent vouloir se former en Société régulière sous le titre de* Société des Artistes Indépendants *et chargent MM. Selvet, Honer, Guinard, de faire les démarches et formalités nécessaires.*

« La Société fut fondée le 11 juin 1884 par devant Me Coursault, notaire.

« Le 18 juin, en présence de l'ancien Comité qui s'était enfin décidé à venir, mais sans apporter dans les comptes aucun éclaircissement, les statuts de la nouvelle Société furent lus et sa fondation fut acclamée, sans qu'il s'élevât de la part de l'ancien Comité, ni dans cette séance ni dans les séances suivantes où il fut toujours question de la nouvelle Société, aucune protestation.

« Dans ces conditions le *Groupe des Artistes Indépendants* étant devenu *Société des Artistes Indépendants* par suite du vote de l'Assemblée générale des exposants, le 9 juin 1884, le titre appartient bien à la Société et la transmission s'est faite non seulement légalement, mais encore suivant les règles de la plus scrupuleuse honnêteté. Quant à M. X.., membre de l'ancien Comité, qui profite du silence que nous avons fait volontairement sur toutes les irrégularités de ce Comité, pensant qu'il était de l'intérêt des Artistes et de la nouvelle Société de dissimuler ces souillures, il est bien mal fondé à réclamer pour lui, qui ne cherche dans les expositions qu'une source de bénéfices personnels, ce titre d'Indépendants.

« Du reste sa manœuvre a consisté à se poser comme le possesseur légal du titre, ce qui au premier abord semble admissible lorsqu'on ne connaît pas la façon légale et loyale dont la transmission s'est faite ; il a profité ensuite de la bonne réputation que la Société s'est acquise depuis sa fondation pour obtenir des faveurs qu'on lui eût certainement refusées si l'on eût connu la conduite du Comité dont il était l'un des membres.

« C'est pour faire cesser cette déplorable confusion que nous venons de vous donner des explications aussi longues et aussi ennuyeuses.

« Comme derniers renseignements nous ajouterons que M. X... (membre de l'ancien Comité), annonçait en octobre dernier aux Artistes une exposition à laquelle on pourrait participer sans aucun versement ; à l'ouverture de l'exposition qu'il vient de faire dans les baraquements du Carrousel, il demandait dix francs à chaque exposant, et maintenant, au moment de la fermeture, il impose un supplément de cinq francs pour retirer les œuvres.

« Nous espérons que le Conseil Municipal fera une différence entre une Société légalement constituée, instituée au profit des Artistes et du développement de leur talent, et un industriel de l'art, un véritable entrepreneur d'expositions. »

En cette année 1885, il n'y eut pas d'exposition organisée par la *Société* des Artistes Indépendants, toujours en pleine agitation. Mais des dissidents exposèrent, eux, du 10 mai au 15 juin.

En 1886, le *Groupe*, faute de victimes, n'existant plus, la *Société* des Artistes Indépendants organisa sa seconde exposition, du 21 août au 21 septembre.

La gabegie dura encore quelques années ; car, en 1888, Seurat lui-même, signant avec un autre peintre, adressait au nouveau Président de la Société, le peintre Honer, une carte postale ainsi libellée :

« Deux assemblées générales n'ayant abouti qu'à des dissentiments et du gâchis, nous vous demandons de vouloir bien venir, le lundi 17 décembre, à 8 heures et demie du soir, au café Marengo, pour nous entendre sur les mesures à prendre. »

Cahin-caha, tout de même, les expositions avaient, depuis l'année 1886, suivi leur cours; et, en cette même année 1886, Seurat avait exposé *Un Dimanche d'été à la Grande-Jatte, Le Bec-du-Hoc, la rade de Grandcamp, la Seine à Courbevoie*, etc.

En tête du règlement de la Société des Indépendants, on pouvait lire :

« *La Société des Artistes Indépendants, basée sur la suppression des jurys d'admission, a pour but de permettre aux artistes de présenter librement leurs œuvres au jugement du public.* »

Cela n'allait point manquer d'attirer vers ce nouveau miroir les fantaisistes, les farceurs, tous les olibrius, tous les chefs de bureau, toutes les demoiselles, tous les Eliaçins oisifs, tous les puceaux, tous les macrobes, toutes les vieilles dames, tous les jocrisses, tous les pur-gons, toutes les Amaryllis, tous les morticoles, tous les cuistres, qui se régalent de peinture, le dimanche.

En cette même année 1886, déjà, un sieur David Fuller, par exemple, né aux États-Unis et demi-nègre! — exposait, en effet, ses premiers tableaux consacrés à ses chers Indiens; et une de ses légendes disait :

« *Une partie de la prairie a été préservée du feu par les Indiens pour leur servir de retraite, mais le vent a tourné et l'espace réservé a pris feu, chassant les cavaliers et leur chevaux excités avec la rapidité de l'éclair. (Souvenirs du Far-West).* »

De son côté, un nommé Serendat de Belzim exhibait :

Il pêche! (Souvenir d'Enghien).

Elle pêche! (Souvenir d'Enghien).

En 1887, le même Serendat de Belzim était représenté par quatre toiles, ainsi intitulées : *Une douce pensée; Frileuse; Diana; Fantaisie!* — si Seurat envoyait dix toiles et dessins : *Le phare d'Honfleur, L'embouchure de la Seine, Le pont de Courbevoie, La grève du Bas-Butin,* etc., etc.

Une notice du bon Ernest Hoschedé consacra, en 1888, la « marche en avant » des trois premières expositions des Indépendants. Seurat exposa dix toiles : *Poseuses, Parade de cirque, Au Concert-Européen, A la Gaîté-Rochechouart, Au Divan japonais, Forte chanteuse, Dîneur, Lecture, Balayeur, Jeune fille.* Et c'était l'apparition de Vincent Van Gogh avec les *Romans parisiens, La Butte Montmartre* et *Derrière le Moulin de la Galette.*

Nous arrivons à l'année de l'Exposition universelle : 1889.

Il y a du changement dans les cadres de l'état-major de la Société des Indépendants. Valton est devenu président — et le secrétaire — qui n'est pas un personnage de Labiche! — s'appelle Contrepoids!

Incorrigible, Fuller montre toujours des épisodes de la vie du Far-West. Alphonse Osbert, un doux disciple de Puvis de Chavannes, expose *La brume du matin,* avec un cartel portant ces vers :

La nymphe nonchalante
Et qui rêvait d'amour,
S'éveille frissonnante
Sous les baisers du jour.

Van Gogh, Signac, Seurat avec trois paysages, illustrent ce nouveau Salon, où Henri de Toulouse-Lautrec expose pour la première fois.

Henri-Rousseau, aussi, est un nouveau venu. C'est une tempête de rires, une explosion de gaîté. Désormais, les toiles de l'ex-douanier seront la bouffonne attraction des salons successifs des Indépendants. On aura beau les cacher, on les dénichera toujours. Cet homme empoisonnera les autres peintres, déshonorera, croit-on, les expositions. On cherche à l'expulser, on n'en trouve pas le moyen; il faut le subir, lui et ses extravagantes folies!

Seurat, en 1890, expose *Le Chahut,* — *Jeune femme se poudrant,* — *Port-en-Bessin, un dimanche,* — *Les grues et la percée,* — *Temps gris à la Grande-Jatte,* — *Paul Alexis et Paul Signac* (même cadre); etc.

En 1891 — année de sa mort — Seurat est représenté par cinq toiles : *Le cirque,* — *Le*

ENTRÉE DU PORT DE HONFLEUR

chenal de Gravelines : petit fort Philippe, — *Le chenal de Gravelines : un soir*, etc.

En 1892, la compagne de Seurat et divers amateurs exposent 46 tableaux et dessins du peintre.

Enfin, en l'année 1905, en même temps qu'une exposition rétrospective d'œuvres de Vincent Van Gogh, on expose une rétrospective Georges Seurat, dans les grandes serres de la Ville de Paris, au Cours-la-Reine. On admire 44 toiles et dessins, prêtés par MM. Emile Seurat, Léon Appert, Félix Fénéon, Edmond Cousturier, Paul Signac, Emile Verhaeren, Théo van Rysselberghe, Braun, Alexandre Séon, Brû, Luce et Charles Saunier.

Faisons maintenant un pas en arrière, et revenons au numéro des « Hommes d'aujourd'hui », consacré en 1890 à Georges Seurat, avec texte de Jules Christophe et dessin de Luce.

Nous lisons ceci : « Depuis 1874, chaque printemps *(Non! il y eut des interruptions)*, près du boulevard des Italiens, il y a une exposition de peintures claires par un groupement comprenant Claude Monet, Camille Pissarro, Armand Guillaumin, Alfred Sisley, Auguste Renoir, Berthe Morisot, — un moment M. de Nittis, avec le rutilant *(Je copie textuellement)*, l'intermittent Paul Cézanne, le disparu Gustave Caillebotte — et, un peu plus tard, Miss Mary Cassatt, Américaine, Jean-Louis Forain, Jean-François Raffaëlli, devenu quasiment officiel, l'évocateur Odilon Redon, Paul Gauguin et le vénitien Federico Zandomeneghi.

« Le public s'habituait presque *(sic)* lorsqu'à la huitième de ces expositions, rue Laffitte, en 1886, éclata une mémorable révolution : la Commune fut proclamée dans l'Art par un jeune homme de 26 ans, que suivaient Camille Pissarro, Blanqui du pinceau, et le tout jeune Parisien Paul Signac — dans une toile immense, où s'inscrivaient au moins trente personnages, et où était, pour la première fois, appliquée, en sa rigueur scientifique, la théorie du mélange optique, de la division du ton, aperçue par Antoine Watteau et par Eugène Delacroix.

« C'était un *Dimanche d'été à la Grande-Jatte.*

« Le peintre se nommait Georges-Pierre Seurat, durant quatre années précédentes élève de Henri Lehmann, à l'école des Beaux-Arts ».

Suit la description du tableau :

« Sous un flamboyant ciel d'été, au plein du jour, la Seine irradiée, de pimpantes villas sur la rive opposée, de petits bateaux à vapeur, des voiles, des yoles joyeuses, cheminant sur le fleuve, et, sur un chemin, près de nous, maint promeneur, maint flâneur étendu sur l'herbe ou pêchant mollement, des jeunes filles, une nourrice, une vieille grand'mère dantesque en bonnet, un canotier, vautré, fumant sa pipe sans distinction, dont le pantalon clair est entièrement dévoré au bas par un implacable soleil, un roquet pourpre foncé, un papillon roux, une jeune mère et sa petite fille en blanc à ceinture saumon, deux Saint-Cyriens, des jeunes filles encore dont l'une fait un bouquet, une enfant aux cheveux rouges en robe bleue, un ménage avec une bonne portant le bébé, et, sur l'extrême droite, le couple scandaleux, jeune élégant donnant le bras à sa gommeuse compagne tenant en laisse un singe jaune, pourpre, outre-mer ».

Et Jules Christophe continue :

« Il y eut des cris, mais la révolution, victorieuse, coucha sur le champ de bataille! Son succès fut immédiatement célébré dans *la Vogue (Première existence de cette revue d'art qui réunit Mallarmé, Verlaine, Laforgue, Charles-Henry, Jean Moréas, François Poictevin, Laurent Tailhade, Emile Verhaeren, etc... Il y eut une seconde* Vogue *aussi éphémère que la première, où furent accueillis Henri de Régnier, Francis Viélé-Griffin, Jean Thorel, Bernard-Lazare, Albert Saint-Paul, etc., etc. Enfin, une troisième et dernière* Vogue *fut publiée par Tristan Klingsor et Gustave Coquiot, — revue à laquelle collaborèrent Jean Dolent, Stuart-Merrill, Henri Degron, Henri Quittard, Jules Renard, Francis Jammes, Camille Lemonnier, Maurice Maeterlinck, Henry Bataille, etc.).*

« Le chromatiste wagnérien, — termine Jules Christophe, — signataire de cette page retentissante : *Un dimanche d'été à la Grande-Jatte*, est un peintre de la vie contemporaine. Il représente des cafés-concerts, une parade de cirque, cette exquise et naïve *Poseuse*, un peu

cagneuse et grêle et bien fémininement plus
pure et plus suave que l'idéale *Source* du père
Ingres!

« Aujourd'hui, il triomphe avec *Chahut*,
dénouement d'un quadrille fantaisiste sur une
scène de Montmartre, — où, avec leurs dégin-
gandés partenaires, deux petites femmes envo-
lées ont l'air d'accomplir des rites sacrés du
Kampong japonais!

« Georges Seurat sait pourquoi il peint et
dessine de la sorte. Il est en possession d'un
système lumineux!..... »

*
* *

Des débuts de Seurat aux Indépendants
jusqu'en l'année 1900, c'est l'histoire variée,
familière, cocasse souvent, de la Société des
Artistes Indépendants.

A force de courir les routes, à force de courage, de ténacité, bousculée d'une installation
dans une autre, jamais sûre du même abri, la
Société des Indépendants a obtenu enfin un
local stable.

Elle a gagné un appui, mais elle a perdu

quelque chose d'un autre côté : sa vie « héroïque ». Et l'invasion de hordes d'exposants, de
tourbes accourues de tous les chenils du monde,
n'est pas faite pour lui redonner du lustre.

Au contraire, qu'elle était vivante, autrefois,
cette Société! Rappelons-nous les anciens jours
du placement des tableaux, les gardiens qui
étaient des invalides, le « folâtre » président
Carnot qui devenait de glace en arrivant devant
les toiles de Rousseau.

Rappelons-nous les dîners (il n'y en a plus
maintenant, vu le grand nombre des adhérents)
qui réunissaient, au Palais-Royal, les plus
fidèles des exposants; les dîners que termi-
naient les chansons du père Valton : « *Les
deux gendarmes* » de Nadaud, et « *Je n'ai pas
vu Carcassonne!* » — et quelquefois, quand le
temps était clément, apparaissait la vénérable
Madame Agathe Doutreleau d'Amsinck, née au
château de la Vieuville (Ille-et-Vilaine), qui,
de sa voix menue, susurrait sans relâche :
« *Tout le long, le long du ruisseau!* »

Seurat restait grave, méditatif, à ces dîners
du « *Rouge et du Bleu* ». Les garçons, cependant, attentifs à plaire, apportaient les poulets

rôtis avec des petits drapeaux rouges et bleus, plantés dans les croupions.

L'ex-président de la Société, le peintre Honer, aimait présenter des dessins de menus, des dessins « bêtas » : *un dessus de toit avec des pigeons, — une barque japonaise, — un ovale sur un chevalet*, etc. D'autres menus furent dessinés par le père Valton, par Claude Goubot. Un jour, on colla simplement sur le carton deux vrais rubans : un rouge et un bleu, qui « sortaient » de deux petits tubes dessinés! Ah! on ne se mettait pas en frais.

On dînait tantôt chez Philippe, tantôt chez Gringoire. On dégustait les hors-d'œuvre : beurre, saucisson — et le filet de chevreuil, sauce poivrade. Les pommes à l'anglaise reparaissaient souvent également. Mais on se divertissait; et, le 23 novembre 1894, on lança, chez Gringoire, la *Chanson des Indépendants*, sur l'*Air du joueur de flûte, d'Hervé*. En voici les couplets :

Aux Indépendants c'est l'usage,
Pas d'Jury, nous ne voulons pas d'ça;
Nous avons trouvé bien plus sage

De supprimer ce sal'truc là !
Chacun de nous peut exposer
Tous les ans, sa p'tit'croûte,
Sans que l'Jury puiss' le r'caler
En disant qu'ça l'dégoûte....... Zimm !
Puis le public vient nous juger
Sans que trop ça lui coûte ;
C' programm' est des plus attrayants,
        Viv' les Indépendants !

Chez nous il y a d'la très chouett' peinture
C'est bien autre chos' qu'au Salon !
Nous respectons trop la nature
Pour la peindre avec du goudron ;
Nous avons les Impressionniss'
Qui s'en pay' des rud' tranches,
Les Symboliss'; les Luminiss'
Qui ne peign' que les dimanches..... Zimm !
Hélas ! quelques-uns qui saliss'
Des toiles qu'étaient si blanches !
Tout l' mond' peut pas êtr' des Rembrandts
        Même aux Indépendants !

Notre président est unique
Y en a pas deux comm' celui-là.

POSEUSE DE FACE (DESSIN)

Il est aimable et sympathique
Je l'gobe oui! Sacré nom de d'là!
Le comité c'est un bouquet,
On y voit mêm' des belles ;
Notre trésorier est parfait
C'est Serendat de Bel....... Zimm !
Au vernissage c'est très coquet,
On fleurit les d'moiselles ;
Aussi nous somm' très épatants,
      Viv' les Indépendants !

Le père Tanguy et le père Thomas furent les premiers marchands qui s'intéressèrent aux Indépendants.

Du père Tanguy, nous avons, tous, plus ou moins parlé. Le père Thomas était plus fantaisiste, plus vivant.

Ancien marchand de vins à Bercy, installé marchand de tableaux, boulevard Malesherbes, avec des œuvres d'Anquetin, de Lautrec, d'Angrand, de Guillaumin, de Giran-Max, de Carrière, de Seurat, le père Thomas mettait souvent le boulevard en joie. Il installait, par exemple, dans sa vitrine, une boîte de sardines ou une douzaine d'huîtres représentant le jury du Salon officiel. Un autre jour, si un passant ricanait devant une toile exposée, il sortait de sa boutique, et il engueulait le quidam. Son vice, c'était de descendre dans son sous-sol, et, par le soupirail, de contempler les jambes des gamines arrêtées devant les tableaux qu'il montrait.

Seurat le glaçait!

XII

Le Peintre étranglé

LE PEINTRE ÉTRANGLÉ

Seurat n'échappait à son travail opiniâtre que pendant l'aménagement de l'exposition annuelle des Indépendants et le placement des tableaux. Membre du Comité, il tenait à ses devoirs et il mettait au service de ses camarades toute son activité et tout son dévouement. En ce temps-là, il n'y avait pas, certes, l'encombrement qui rend odieux tous les Salons — y compris presque celui des Indépendants; — mais il fallait lutter contre l'hostilité d'une cohue de bureaucrates, arracher des prix convenables à de cyniques fournisseurs, trouver dans un budget de misère les dernières ressources pour installer une exposition présentable. Et, chaque fois, le miracle s'accomplissait; on ouvrait les portes sur un ensemble méritoire, grâce à Paul Signac, à Angrand, au père Valton, à Jaudin et à Seurat.

En l'année 1891, les Indépendants faisant leurs préparatifs d'installation au pavillon que la Ville de Paris voulait bien leur accorder encore aux Champs-Elysées, Seurat y vint tous les jours du mois de mars pour mettre la main à la pâte comme ses camarades de la commission de placement, — c'est-à-dire examiner les envois des adhérents, accorder les voisinages, aider, au besoin suppléer les ouvriers, rectifier des alignements de tableaux, préparer enfin ce nouveau vernissage qui serait une des plus certaines curiosités de l'année. Seurat, bâti pour vivre cent ans, pouvait assurément ne point se douter qu'il était en train d'accrocher ses dernières toiles.

Ch. Angrand m'a précisé les termes de son ultime rencontre avec Seurat :

« Notre dernière entrevue eut lieu, m'a-t-il dit, le lundi ou même le mardi — devant Pâques 1891 — semaine qui lui fut fatale. Nous étions au pavillon de la Ville de Paris dans la salle du fond, sur un banc, quand Puvis avec une femme entra. Il regarda, au voisinage de la porte d'entrée, les dessins de Denis pour *Sagesse*, fit le tour lentement. — Il va s'apercevoir, me dit Seurat, de la faute que j'ai faite dans mon cheval — tableau du *Cirque* — mais Puvis passa sans s'arrêter. Et ce lui fut une déception cruelle.

« Le jeudi je partais pour Criquetot-en-Caux. Le mardi, le facteur mettait un faire-part sur la table. J'ouvris — Seurat — je pensai à quelqu'un des siens; mais non, il y avait artiste peintre... Je demandai à nos invités la permission de les quitter un instant. Il était trois heures, et je courus à la gare de Motteville dans l'espoir d'un journal — la bibliothèque était close. Je revins presque dans la nuit fort triste et ne sachant qu'imaginer. — Je sus d'ailleurs en rentrant à Paris que sa mort n'avait point été commentée dans la presse. (*Quelle candeur chez les véritables artistes! La presse de 1891 annonçait la presse stupide de 1924 qui ne commenterait pas davantage la mort d'un autre Seurat!*)

« Voilà tout ce que je puis vous dire, termine Angrand. C'est peut-être peu. Mais qu'ajouterait une information dans sa façon matérielle de peindre et des réflexions sur le discord relatif de ses paysages et de ses tableaux composés — où il fut démonstratif. Il ne le serait certainement pas resté. Conservant sa méthode, sa très limpide et féconde méthode, il eût reconquis sa liberté, grâce à laquelle déjà il avait réalisé d'absolument beaux paysages — de belle manière et de haute expression. »

La mort de Seurat! Elle fut soudaine, brutale. Il se trouvait au pavillon de la Ville de Paris, — l'exposition était ouverte depuis le 20 mars, — quand il se plaignit d'un violent mal de gorge. La fièvre se déclarant presque aussitôt, il rentra en hâte chez sa mère, toujours domiciliée boulevard de Magenta. Il était atteint d'une angine infectieuse; et, le 29 mars, au matin, il mourait étranglé, étouffé; tandis que son enfant qu'on n'avait point isolé, succombait sous le même mal.

A ce moment-là, seulement, ses amis des Indépendants, Signac, Angrand, Jaudin, connurent la compagne de Seurat. Il avait bien caché sa vie intime.

L'œuvre : peintures et dessins, fut partagée entre la mère de Seurat, sa compagne, quelques amis.

On vit ainsi, peu après, de petites études et

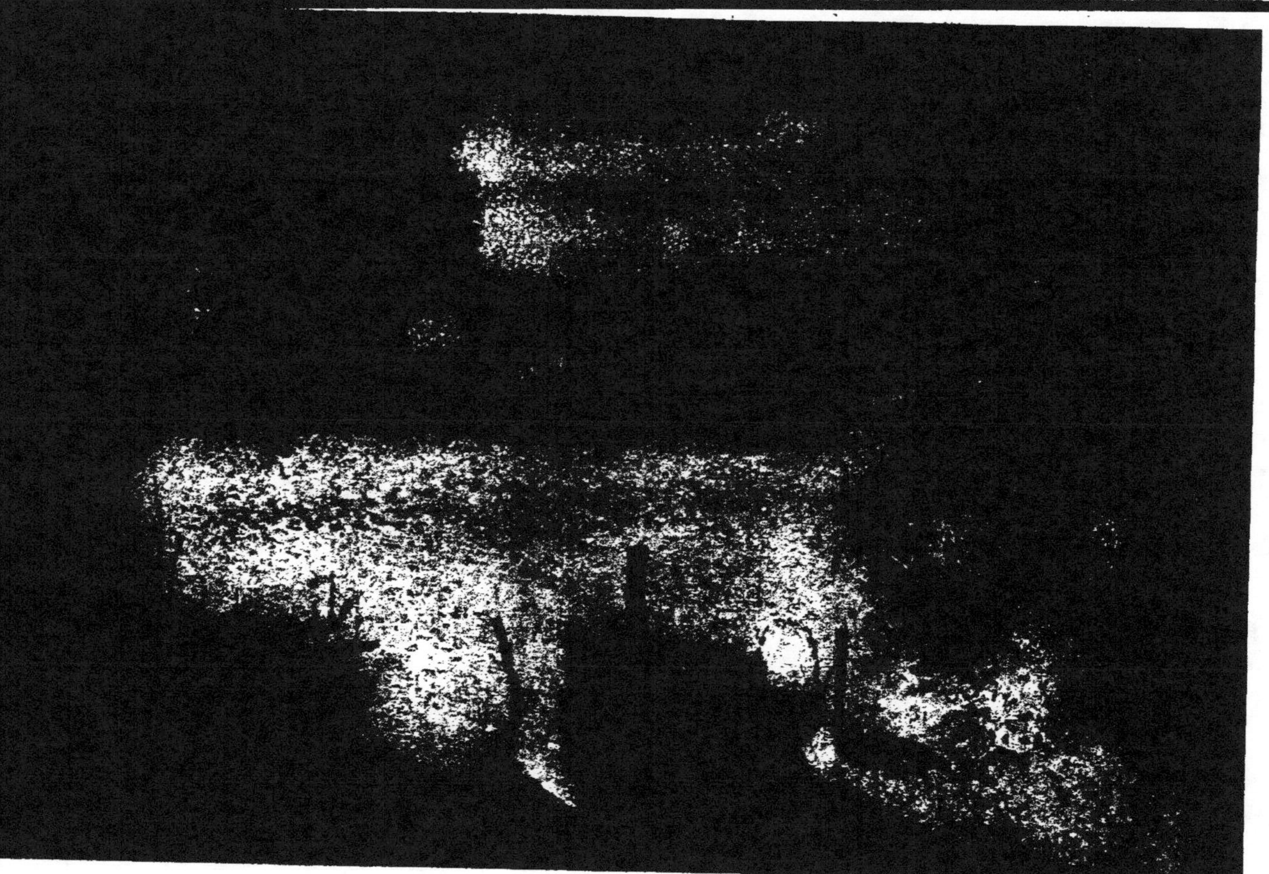

PHOTO-DRUET

UNE VUE DE LA SEINE

des dessins chez des brocanteurs de Montmartre.

De son vivant, Seurat avait vendu avec peine quatre ou cinq toiles. Mieux encore : dix ans plus tard à l'exposition organisée par la *Revue blanche*, au boulevard des Italiens, sur 53 numéros exposés (peintures et dessins), pas un numéro ne fut acheté !

Lui aussi, Seurat, il était venu « faire le rude apprentissage du génie chez les âmes inférieures. »

Et, pourtant, à sa mort, son œuvre totale semblait « faite ! » Il avait « passé en revue » le dessin, la peinture — et même le cadre !

Nous allons entrer maintenant avec une joie profonde dans son œuvre. Véritable jardin des Hespérides !

Toutefois, il faut que le lecteur s'anime ici d'un certain courage. Car, jamais, nous ne lui donnerons l'occasion d'une anecdote quelconque ou même d'une simple historiette. Oui, dans cette œuvre, nul divertissement possible. C'est l'exposé rigoureux d'une méthode qui ne s'appuie sur aucune concession au public, sur aucune envie de plaire. Les

« sujets » eux-mêmes seront comme choisis
tout exprès parmi les plus rébarbatifs et les
plus secs. Jamais volonté d'artiste ne se sera
exprimée d'une façon plus froide et plus impas-
sible!...

I

L'Amour des maîtres
et des bibliothèques

L'AMOUR DES MAITRES
ET
DES BIBLIOTHÈQUES

Le biographe des « *Hommes d'aujourd'hui* », le sieur Jules Christophe, que j'ai souvent cité (sa biographie de Seurat ayant été relue par Seurat lui-même), dit encore :

« Esprit attentif et réfléchi, Seurat faisait de nombreuses stations dans les bibliothèques, où il consultait les livres d'art — et au musée du Louvre, où il étudiait des procédés (*sic*).

« Mais, le plus souvent, avec son ami fidèle, le peintre Aman-Jean, il revenait à la chapelle des Saints-Anges, en l'église de Saint-Sulpice, où les fougueuses peintures d'Eugène Delacroix l'hypnotisaient. »

Il s'agit des peintures suivantes : « *Hélio-dore chassé du temple* », *tableau de droite;*

« *La lutte de Jacob avec l'Ange* », *tableau de gauche*; *et, au plafond*, « *l'Archange Saint-Michel terrassant le démon.* » *Le 29 juin 1861, Eugène Delacroix, avait envoyé une invitation à* « *visiter ses travaux (sic) qu'il venait de terminer* ».

Certes, Seurat fut, à sa façon, un pèlerin passionné s'attardant dans les musées — et dans ces bibliothèques où l'on peut méditer sur des livres contenant des gravures ou autres reproductions de tableaux célèbres.

La bibliothèque de l'école des Beaux-Arts, à Paris, est, la première, une mine de livres consacrés à l'histoire de l'Art. Au temps de Seurat, dans les après-midi d'hiver, ou le soir, que d'heures j'ai moi-même passées là, avec un entier plaisir. Feu Eugène Müntz en était le conservateur; et il se montrait aimable, perspicace.

Sa calotte noire, qu'il ne quittait jamais, abritait une étonnante mémoire. Il circulait comme une souris, sans bruit, à pas feutrés. Informé de votre désir, de votre curiosité, il débusquait sans hésitation non seulement le livre utile, mais la page, la gravure à consulter. Il m'a évité, grâce à cela, bien des aventures chez les filles qui pullulaient alors dans les cafés et brasseries du quartier latin. Certes, quelques-uns d'entre nous le trouvaient bien « pompier » un peu, ce bon M. Eugène Müntz. Songez! Ses copieux livres sur la Renaissance italienne, sur Raphaël, etc. Maintenant, je vois qu'il était bien moins pompier que les jeunes, les soi-disant révolutionnaires. Ce sont les jeunes peintres, les jeunes architectes, les jeunes sculpteurs qui sont généralement les plus bâtés des cuistres, les plus rapetasseurs en faux-neuf, les plus bêtes, les plus vaniteux des valets, les vrais « pompiers », en définitive!

Avec un entrain inflexible, Seurat notait sur ses petits albums des réflexions de maîtres, des croquis, qu'il accompagnait de taches de couleurs, prises à des crayons ou dans une minuscule boîte de couleurs pour l'aquarelle. Delacroix avait agi ainsi; et cela alors ne faisait pas sourire. Aujourd'hui, les margouillats de la peinture opèrent *directement*, du coup! Le génie court les rues; et les amateurs, ces ahuris, trottent derrière à en perdre haleine.

Au musée du Louvre, il y avait, au temps de Seurat, une extrême confusion dans la mise en place des tableaux. On était sorti d'un désordre impérial, pour s'enorgueillir en plein désordre républicain. A M. de Nieuwerkerke, présomptueux et ignare directeur général des musées, avait succédé une bande de plongeurs, une tribu de falots crétins, qui errait, ébaubie et hostile, au milieu des tableaux plus ou moins apocryphes, plus ou moins intéressants, que cette grande bâtisse du long du quai recèle. Voulait-on voir une certaine toile, il fallait glisser pendant des heures sur des parquets trop cirés, — ce qui était encore ce qu'il y avait de mieux entretenu dans ce froid pandémonium ! Souvent aussi des peintures disparaissaient sans que l'on sût pourquoi ; souvent d'imprévoyantes « restaurations » gâchaient irréparablement des chefs-d'œuvre.

Mais un cœur d'étudiant est courageux, obstiné à vivre. Seurat se mettait en piste ; et, à force de courir, de tracer des sillons dans toutes les salles, il arrivait, assez fréquemment, à la toile cherchée. Il prenait alors des notes, des croquis. Il confrontait le musée avec la bibliothèque ; l'œuvre avec la reproduction. Il cherchait des rapports précis, *exacts*, voudrait-on écrire. N'ayant pas d'imagination, il contemplait d'abord *sèchement* l'œuvre ; car il lui restait tout de même quelque chose de l'enseignement en quelque sorte rigide, contracté, de son professeur Lehmann. Puis, il s'exaltait, il s'échauffait pour mieux dire ; et c'est ainsi qu'il terminait toutes ses visites au musée par de longs arrêts devant les toiles de Delacroix. Comme Degas courait après les tableaux de Dominique Ingres, Seurat courait après les œuvres de Delacroix. Il les connaissait toutes, du moins toutes celles qui sont à Paris, à Versailles, dans les églises. Déjà, la couleur le passionnait. En même temps qu'il considérait les tableaux des coloristes, il étudiait — comme nous l'avons écrit — les livres qui traitaient de la couleur. De la peinture, il n'éloignait pas la chimie. L'eût-il pu, il eût passé autant d'heures chez Chevreul que chez Delacroix. Pour lui, la petite maison du Jardin des Plantes où le vieux chimiste expérimentait ses nouvelles teintures valait l'atelier de la rue de Furstemberg où le peintre des *Femmes d'Alger* exaltait les contrastes et les chocs de son tumultueux génie. Aussi, ne fallait-il pas vanter devant Seurat « la poésie, la littérature qu'il mettait dans ses tableaux », sous peine de le contrarier fort. C'était un artiste, indubitablement; mais c'était aussi, en équivalence, un esprit très « scientifique ».

Du reste, parlait-il, très occasionnellement, de sa peinture à un camarade, Seurat ne s'attardait, vraiment, que sur le versant « scientifique-chimique », peut-on dire, de son œuvre. C'est pourquoi Maurice Beaubourg a pu écrire ce que vous avez lu : « que Seurat était imbu à un tel point de la nécessité et de la suffisance de la science et de la chimie dans l'art, que lui, Beaubourg, il en restait ébaubi ».

Seurat, encore, écrivait-il de rares lettres à des confidents, ces lettres n'étaient que des exposés de ses théories. C'est ainsi que nous donnerons plus loin une fin de lettre de Seurat à Maurice Beaubourg, qui dut vraiment abasourdir le rare fantaisiste de *La Saison au Bois de Boulogne* et des *Joueurs de boules de Saint-Mandé.*

Aussi bien, pour plaire à Seurat, convenait-il d'être précis, de parler un langage net, dépouillé de tout propos amphigourique. Le poète Henri de Régnier, vers 1916, célébrant de Seurat la

« splendeur moderne et hiératique » eût bien diverti le peintre de la Grande-Jatte. D'ailleurs, on case vite ce mot : *hiératique*, dès qu'on parle d'un tableau de Seurat. C'est un de ces mots qui viennent facilement dans le charabia des amateurs et des critiques. Il faut croire qu'il exprime bien ce qu'il veut dire, — à moins qu'il n'exprime rien du tout !

Ah ! si l'on émondait de tous ces mots-parasites qui « font bien » le style des critiques et des amateurs, que resterait-il, il est vrai ?... Après tout, *hiératique* ! Oui, c'est cela ! A bien y réfléchir, cela *pose* Seurat, cela *cale* son œuvre ! Oui, *hiératique*, c'est bien, c'est très bien ! Où ai-je donc lu déjà cette épithète, à propos de Seurat ? Dans un article très rare de M. Denis, je pense, — à moins que ce ne soit dans un article encore plus rare de M. Fénéon !

Ah ! combien elles étaient tout à fait autres les préoccupations picturales et scientifiques de Georges Seurat !

Il n'était point intéressé, du reste, par tous les propos que pouvait « lever » la peinture. Lui parlait-on ? On l'accusait vite de ne pas répondre, d'être « réservé ». C'est qu'il redoutait la fatigue des explications, des discussions. Un éloignement de son œuvre en train : peinture ou dessin, devait être pour lui un apaisement, un repos ; et, entré de force dans un café, il ne recherchait que ce repos. On peut bien écrire déjà ici qu'il fut, ce haut peintre et ce fécond dessinateur, une sorte de « grand surmené ! »

II

Première période
ou
l'amour du dessin

PREMIÈRE PÉRIODE
OU
L'AMOUR DU DESSIN

En rentrant à Paris (au retour du service militaire), Seurat était dévoyé.

Il se remit à dessiner.

Pendant quelques années, sans peindre peut-on dire, il dessina donc et inventa ses dessins au crayon Conté, — contrastés et dégradés.

Généralement, ces dessins, sur papier Ingres, ont des contours flous ; ils apparaissent en silhouettes noires diffuses sur les bords, presque à contre-jour. D'autres dessins s'éclairent de face ; et ils sont fortement modelés. L'importante recherche, c'est, le plus souvent, le dosage de la lumière très brillante et l'ombre très vigoureuse.

Par exemple, voici des notes prises, en considérant quelques dessins :

L'invalide (1881.) — Ici, verticales et horizontales sont nettement géométriques, selon les directives d'un tracé au carreau. Dans le contraste voulu, le flou est manifeste, sans détails. Taches allant du noir, de l'intense au blanc pur. L'homme, une tache noire. Au bord vertical du dessin, à gauche, une autre tache noire qui est le tronc d'un arbre.

Fort de la halle (1882). — Même frottis, du noir au blanc.

Torse d'homme (1883.) — Dégradation du noir au haut du dos où s'accroche la lumière. Plénitude. Admirable modelé.

Le dîneur ou *l'homme à la bouteille* (1883). — Dans un savant travail en plein noir, la blanche, la lumineuse tache de la serviette. La bouteille, très noire, sur le blanc du linge.

La grille (1884). — Mur et piliers blancs dans la nuit très sombre.

Tout cela toujours succinct, mais très établi : l'estampille de Seurat.

Le manchon (1884). — Femme, un chapeau élevé, de profil. Noir intense sur fond gris. Flou aux contours.

PHOTO-DRUET

LE CHAMP DE BLÉ (DESSIN)

Au Concert-Européen (1884). — Toute la lumière là-bas sur la chanteuse en scène. Noirs intenses des banquettes, des corsages et des chignons de femmes, spectatrices. Flou—frottis toujours. Ici, rien de cerné. Des taches font des personnages d'ensemble, de synthèse.

Singes (1885). — Croquis plus appuyés, cherchant la forme.

La jeune fille à l'ombrelle (1885). — Un véritable contre-jour. La forme est plus vigoureusement tenue. Les lignes du dos et de la poitrine sont d'une fermeté rare.

La nounou (1885). — Frottis dans une plénitude de lumière.

Les banquistes (1886). — Arlequin et Colombine dansant. Un merveilleux dessin. Du noir au blanc, toujours, en passant par tous les gris. Force et grâce. Flou — mais ferme quand il le faut. Comme la lumière s'accroche sur la tête de l'homme, — sur le visage de la femme, sur ses bras et sur la jambe qu'elle lève!

La poseuse de face (1887). — Superbe dessin, modelé de nuances d'ombre. Rien n'y est très cerné; et la forme en est distincte, sculpturale, cependant.

Paul Signac (1889). — Buste presque de profil vers la droite, tête levée, pardessus à col relevé, chapeau haut de forme à bords plats, extrémité d'une canne qui sort d'une poche basse du pardessus. Superbe dessin, très modelé. Tout le visage est fortement dessiné, ainsi que le chapeau, ainsi que le vêtement, ainsi que la canne elle-même. Pas de flou. Le profil jusqu'au bas du buste s'enlève sur de la lumière. Le visage est d'une *matière* unique.

Tous ces dessins, pris au hasard, sont, assurément les plus beaux dessins de peintre que l'on puisse vanter. Ils sont — non seulement d'une originalité totale — mais encore d'un style, d'une synthèse admirables. On découvre toute ligne, toute forme, même dans les croquis les plus rapides.

J'ai sous les yeux deux autres dessins originaux de Seurat. Dans l'un (croquis pour la *Parade*), un écuyer de profil, à peine frotté, redresse toute sa silhouette cambrée de bellâtre. Il est complet, ainsi, assez précis pour que l'on devine tous les détails du visage.

Un autre dessin représente un champ de blé

et des arbres qui le bordent sur un ciel étrange-
ment lumineux. Tout est en frottis : le blé blond
et les arbres noirs. Mais que de détails encore! On
sent la houle du champ, la profondeur du taillis.

Tous ces dessins de Seurat sont en quelque
façon frottés, cernés parfois, flous d'autres fois,
dans une sorte de poudroiement de la lumière;
c'est là une des qualités foncières de l'art de
Seurat. Elle se répandra dans ses peintures,
pleinement. Elle se manifeste dans le moindre
de ses croquis.

Figures, natures mortes, paysages de maisons,
paysages d'arbres, animaux, tout dans la nature
animée ou inanimée passera par ce dessin contrasté et dégradé. Et les objets les plus humbles,
les plus simples, apparaîtront, grâce à cela,
d'une importance exceptionnelle. Seurat dessi-
nera une chaise, un chevalet, une pierre de construction, avec autant d'amour que s'il s'agissait
de composer un vaste drame historique. Du
reste il ne s'est jamais embarrassé d'une telle
aventure. Aussi, si vous avez le goût de l'anecdote, si vous croyez au *sujet*, au *motif*, abandon-
nez Seurat; il ne vous montrera toujours que de
courts spectacles, que des tableaux ou des études

d'après ce qu'il a vu lui-même de plus schéma-
tique à travers les fantasmagories des objets.

Sans doute, il y a, dans l'histoire de la peinture, des « précédents » dans cet ordre d'idées.
D'ailleurs, il y a toujours, pour tout, des « précédents ». Ainsi, je me souviens d'avoir vu, chez
M. Théodore Duret, un important tableau de
Courbet qui représente seulement un coin de
colline, sans le moindre détail. De l'herbe, et
c'est tout ; et ainsi on peut composer un beau
tableau. Mais, dans l'œuvre de Courbet et dans
l'œuvre de tous les autres véritables peintres,
c'est une exception. Dans l'œuvre de Seurat, si
vous mettez à part trois ou quatre importants
tableaux, assurément touffus, tout le reste de
l'œuvre confère de l'intérêt à des choses acca-
blées d'humilité : un champ, un hangar, une
berge de banlieue, un coin de mer, des maisons
modestes, une barque, une ancre, un phare, etc.

— « Avez-vous un *sujet ?* » demandait Seurat à
Angrand. Ce n'était qu'une façon de parler, une
manie. Car tout, je le répète, fut un « sujet »
pour Seurat. Quant à moi-même, la moindre
chose linéaire, verticale ou horizontale : poteaux,
amarres de wagons, piliers de fonte, disques,

petite maison neuve, cheminée très droite d'usine, une cabane d'aiguilleur, lignes même implacablement nettes d'un rail, toutes ces choses me font penser à Seurat.

Ses dessins ne furent jamais que les manifestations de son esprit tourné vers la plus humble matérialité des êtres humains et des objets inanimés. Il eut beau consulter, dans les bibliothèques et les musées, les tableaux les plus extravagants, les plus somptueux et les plus « historiques », jamais Seurat ne se laissa monter la tête. Dans toute son œuvre, pas de temps perdu, pas d'esquisse même d'élève qui veut « monter en loge ». Le prix de Rome — ce brevet d'ânerie! — n'eut jamais pour lui un sens. Il part pour le service militaire, ayant dessiné uniquement les choses de la rue; il en revient — et il continue de dessiner les mêmes choses de la rue. Presque tous les autres peintres — les plus justement renommés — ont été un moment bâtés; lui, Seurat, élève discipliné, doux et aimable cependant, il n'en a fait qu'à sa tête; et sa tête ne voyait plus possibles, en ce temps, le sien : le faste, l'emphase, la solennité, le théâtral et le conventionnel des temps révolus.

Reportez-vous à ce temps-là; et vous dis-
cernerez que nul ne fut alors, dans la peinture,
un plus décisif révolutionnaire que Seurat.
Il fut l'artiste qui rêva de donner de l'intérêt à
une ligne droite, à un simple point. Il voulut
faire rentrer dans la vie picturale le plus banal,
le plus incomplet des spectacles; et l'on sait
combien il y réussit, et de quelle façon il pré-
para la venue de toutes les formes linéaires que
put prendre le cubisme!...

III

Seconde période
ou les peintures " balayées "

LA BAIGNADE

SECONDE PÉRIODE
OU
LES PEINTURES " BALAYÉES "

Il s'agit, ici, des premières peintures de Seurat, qui vont aboutir à son premier grand tableau : *La Baignade*, l'illustration du début du Salon des Indépendants, en l'année 1884.

La Baignade est, certes, déjà contrastée ; mais Seurat a encore, dans ce tableau, utilisé des ocres.

« Peintures balayées », cela veut dire, on le devine, en somme, la peinture de tout le monde, réalisée du plat de la brosse, en « balayant » dans tous les sens.

On peut commencer un semblant de catalogue de l'œuvre de Seurat dès l'année 1881. Personnages, paysages, attirent également le peintre. Il peint *clair;* cela, c'est dans l'atmosphère du moment; toutefois il n'a pas un entier souci des Impressionnistes proprement dits; il répète volontiers, parole fanfaronne d'étudiant : « qu'il va recommencer tout ce qu'ils ont fait ». I¹ les estime; mais serait-il jeune—et doué d'une force personnelle — s'il les admirait complètement?

Voici quelques peintures et études peintes de ces années 1881-1882 :

Berge herbue. — Il y a, ici, indéniablement, la « patte », l'adresse à tacher la toile, la fluidité recommandée, le vaporeux, le frémissement, l'absence de solidité, tout ce que, en un mot, Corot avait imposé, avec ses propres tableaux d'ordre commercial peints à Ville-d'Avray.

Un tachiste habile, pas autrement original, tel est alors Seurat. On sent que dans sa main voltige la brosse, jetant ou mieux détachant du bout des doigts, dans tous les sens, la pâte fine. Cela, déjà, avec beaucoup de légèreté, il faut le répéter. De la lumière, également; mais Corot encore a montré comment on l'employait, comment on la dosait! Il a aussi enseigné comment il fallait composer, présenter dans le meilleur sens décoratif un paysage. Et, s'il y a de l'eau, tout est pour le mieux!

Paysanne assise dans l'herbe. — Même possibilité de donner cette figure à un autre peintre. Sans doute, nul souci de détails, un « ensemble », un « bloc » s'affirme; mais il n'y a pas encore une caractéristique autrement singulière. Peut-être une indication de cette loi des contrastes que Seurat appliquera avec tant de force un peu plus tard; je veux dire ici une affirmation volontaire des cheveux, d'un bout de jupe et du visage de profil accusé en contre-jour, le tout se détachant sur la lumière du fond.

Banlieue. — Et, tout d'un coup, voici une toile appartenant bien à Seurat. Alors que Raffaëlli, traitant le même sujet : des maisons, des terrains vagues, une cheminée d'usine, ramenait tout à l'anecdote, aux mille détails de la nature, — et, romantique attardé, voulait nous apitoyer sur la maison, sur la cheminée d'usine, sur l'herbe; — voulait nous faire plaindre les gens et les bêtes qui habitent là, — nous détailler toutes les petites choses inutiles avec la patience d'un peintre-graveur; alors que, lui, Raffaëlli, il taxait d'infortune le ciel même; — Seurat, sans aucune de ces puérilités, sans songer à toutes ces rengaines descriptives, nous donne une image grave d'un paysage nu, venu au monde sans grincement de dents, sans désolation, sans accompagnement obligé d'un orgue de Barbarie. Tout y est bien établi pour vivre : les murs blancs très droits, la cheminée très rigide; et le terrain vague, au premier plan, n'attend — « indifférent » — que la venue d'un industriel qui saura édifier là un vaste hangar de travail et de production. Et cela a bien son éloquence également; — même une forte signification; car, à l'analyse de Raffaëlli oubliant, dans la multiplicité des détails, mille détails encore, — il faut préférer la synthèse de Seurat donnant la forte image — essentielle, d'un coin de banlieue. A nous d'y adjoindre tout ce que peut nous révéler le microscope de notre pensée. Cela, c'est une définition graphique du style!... L'art de Raffaëlli, au contraire, n'est qu'une écriture; cela ne s'élève pas au-dessus de la page ou de la toile. Raffaëlli, c'est l'étroit portrait d'une banlieue; Seurat, c'est *La Banlieue*!.....

Ici s'indique distinctement l'art géométrique que Seurat développera jusqu'au moment prématuré de sa mort. Verticales aussi verticales, par exemple, que nos sens débiles les peuvent concevoir. Travail de peintre qui ne demande pas à des murs verticaux d'être infléchis pour nous émouvoir ; travail de peintre amoureux de l'ordre, de la stabilité, qui veut que la géométrie pure s'applique aux formes, aux lignes de la chose à représenter. Ainsi, une cheminée d'usine montera droite vers le ciel, parce qu'il faut qu'elle soit droite. Et Seurat, avec sa volonté, compte sur cette rigidité, sur cette gravité des lignes pour nous émouvoir. Et il a raison : son art s'apparente ainsi à l'art égyptien où tout est en complet repos, en immobilité statique. Parti ainsi, insensible à la chose de guingois, Seurat devait raisonner ; — et, en effet, il fut un inlassable raisonneur. Il est mort en plein amour de la géométrie. On ne sait pas exactement ce qu'il aurait pu faire dans la suite. Sa sensibilité froide, son tempérament concentré, comment cela eût-il tourné ? Quelle passion se fût substituée à la première ?

Maison dans un paysage. — Rien, encore, n'est plus laconique : une prairie tenant plus de la moitié de la toile, un long mur en bordure, une maison et des masses d'arbres, et c'est tout, nous sommes intéressé comme par tout un spectacle. Coin de nature? Personne ne se fût arrêté devant cela. C'est très lumineux; mais c'est encore l'habituelle façon de peindre. J'entends qu'il n'y a nulle trace de « divisionnisme ».

Sous-bois. — Toujours rudimentaire. Un tronc d'arbre montant comme une colonne. Deux arbres plus fins ; quelques indications dans le fond — et un ensemble confus; un fond frotté, pour ainsi dire. Et comme cela appartient à Seurat! Odilon Redon me disait un jour tout ce qu'il devait à ce peintre dans ses paysages à lui, interprétés selon la loi chère à Seurat: les contrastes, les masses si « musicales » ! ajoutait-il.

La Seine à Asnières (1883). — *Etude peinte pour « La Baignade ».* — Seurat aimait ces études directes (planchettes de boîte à pouce) sur nature. Des taches qu'il « balayait » dans le plus durable amour de la lumière. Et il aimait multiplier les études, les notes, avant d'entreprendre le tableau-type. Certes, il est beau de vanter la fougue, de partir sans trop savoir où l'on va; mais le sang-froid, les directions prises, bon entraînement à peindre pour celui qui veut exécuter une vaste toile, sont également des qualités, des atouts de premier ordre. Ne rien laisser, autant que possible, au hasard, n'implique pas forcément que l'œuvre réalisée, « agrandie », sera molle, sans verve. Raisonner n'abîme pas les dons quand on en possède. Enfin, il ne faut pas s'en raconter plus long. Seurat ne pouvait pas peindre autrement. Il tournait autour d'une composition à « installer ».

Les deux rives (1883). Autre étude peinte pour La « Baignade ». — Encore une étude, une note d'après nature. On est si heureux d'accumuler des notes d'après nature — en trop ? — peut-être, pour le tableau à peindre — ou le livre à écrire. On sait bien qu'on n'emploiera pas tout ; mais comme on est confiant quand on a beaucoup de notes. On retire quelquefois une simple tache, un simple mot de tout ce travail préparatoire ; mais comme cette simple chose est importante à vos yeux, — et quel accent, souvent ! un point vu, observé, noté, « vivant », contre toute une page *de chic* ! Un point vrai — relativement vrai, bien entendu ! — contre toute une page de mensonges !.....

Aussi quand Seurat est sur le point de s'attaquer à *La Baignade,* il sait où il va aller. Il a, préalablement, tout étudié : baigneurs, eau, ciel, pont, arbres, barques, etc. Il a, sur ses planchettes de boîte à pouce, « balayé » je ne sais combien d'études. Il a pris garde à ce que Delacroix appelait « l'infernale commodité de la brosse ». Il a discipliné son habileté. En étudiant les jeux de la lumière, il a serré de plus en plus son dessin. Il veut des contours et non plus du flou. Aux orages de Delacroix, il préfère les paysages pondérés de Dominique Ingres. Il s'éloigne, décidément aussi, des « à peu près » impressionnistes; il créera peut-être ainsi des lignes plus nues, moins en « mouvement », mais c'est justement ce qu'il cherche, en apportant au moins plus de lumière..... Et voici, en aboutissement, *La Baignade.*

La Baignade (1883-84). — Le tableau est trop connu pour en tenter une nouvelle description. On l'a vu, maintes fois, au cours de diverses expositions, rayonner de sa vie singulière et attirante. Cette fresque si moderne — est une des plus belles pages décoratives qui soient; et comme l'on sent qu'elle touche au chef-d'œuvre de Seurat : *Un Dimanche d'été à la Grande-Jatte!* Le peintre, si réfléchi, nous

BANLIEUE

PHOTO-DRUET

stupéfie par sa course rapide, par son acheminement précipité vers son chef-d'œuvre. Une année de plus, et le miracle sera accompli. Tout est en germe dans *La Baignade.* Qui ne verrait que des « reproductions » des deux tableaux : celui-ci et *la Grande-Jatte,* pourrait croire aux deux créations, dans le même moment, d'une même volonté!.....

Certes, il serait, dès lors, aisé « d'expliquer » l'œuvre de Seurat. Les jeunes peintres, particulièrement, — j'entends les radoteurs ! — ont inventé un charabia qui vous laisse pantelant après la misérable lecture d'une vingtaine de pages d'explications. En se souvenant aussi de quelques critiques pesants — littéraires et artistiques! — il conviendrait peut-être d'employer ici — et sans tarder plus! — ce mot *Constructeur,* qu'ils appliquent à Cézanne, à Seurat, à Henri-Rousseau et à Monsieur Paul Bourget. Le grave Monsieur Georges Lecomte — pour les Belles-Lettres — est un des soutiens de ce mot-là. Oui, ce n'est plus bon peintre, bon littérateur, bon musicien qu'il convient de dire, il faut, comme clé de voûte d'un discours enchevêtré, biscornu, coincer, au bon moment, ce mot : *Constructeur!*... C'est cela, tout se tient, grâce à cette dernière pierre apportée. Constructeur de quoi, en quoi? n'importe! ce mot veut tout dire. Il est d'origine récente; que dis-je? Il vient de naître; il est encore vagissant; il ne crèvera que dans quelques mois, lorsque tout le monde, y compris les « soutiens », sera constructeur. Donc, si vous y tenez, Seurat est un constructeur, — comme Monsieur Paul Bourget, — comme Monsieur Georges Lecomte l'est également. Mais, hélas! moins heureux que ces deux considérables romanciers, il a peint, lui, avec obstination, simplement, sans se douter qu'il était Seurat-le-Constructeur! Ah! s'il avait pu se douter de cela! Seurat-constructeur! cons-truc-teur! cons-truc-teur! Ah! que ce mot me plaît!

IV

Un livre de Paul Signac

UN LIVRE DE PAUL SIGNAC

Avant de parler de la troisième période ou de la « division » dans l'œuvre de Seurat, — il convient de préciser quelle va être — de quelle nature et de quel bienfait ! — cette importante découverte picturale que Signac appelle la « division », — et que le premier venu appelle, lui, irrespectueusement, le « pointillisme. »

Ce que nous allons écrire ci-après, c'est, en quelque sorte, le résumé de quelques pages d'un judicieux livre publié par Paul Signac, sous ce titre : *D'Eugène Delacroix au Néo-Impressionnisme.*

« Les peintres néo-impressionnistes, avance Paul Signac, sont ceux qui ont instauré et, depuis 1886, développé la technique dite de la division en employant comme mode d'expression le mélange optique des tons et des teintes.

« Ces peintres respectueux des lois permanentes de l'art, le rythme, la mesure, le contraste, ont été amenés à cette technique par leur désir d'atteindre un maximum de luminosité, de coloration et d'harmonie, qu'il ne leur semble possible d'obtenir par aucun autre mode d'expression. . . . .

. . . .

« Croire que les néo-impressionnistes sont des peintres qui couvrent leurs toiles de *petits points* multicolores est une erreur assez répandue; ce médiocre procédé du *point* n'a rien de commun avec l'esthétique des néo-impressionnistes, ni avec la technique de la *division* qu'ils emploient.

« Le néo-impressionniste ne *pointille* pas, mais *divise*.

« Or, *diviser*, c'est :

« S'assurer tous les bénéfices de la luminosité, de la coloration et de l'harmonie, par :

« 1° *Le mélange optique de pigments uniquement purs* (toutes les teintes du prisme et tous leurs tons);

« 2° *La séparation des divers éléments* (couleur locale, couleur d'éclairage, leurs réactions, etc..);

« 3° *L'équilibre de ces éléments et leur proportion (selon les lois du contraste, de la dégradation et de l'irradiation);*

« 4° *Le choix d'une touche proportionnée à la dimension du tableau.*

« La méthode formulée en ces quatre paragraphes régira donc la couleur pour les néo-impressionnistes, dont la plupart appliqueront en outre les lois plus mystérieuses qui disciplinent les lignes et les directions, et en assurent l'harmonie et la belle ordonnance.

« Ainsi renseigné sur la ligne et sur la couleur, le peintre déterminera à coup sûr la composition linéaire chromatique de son tableau, dont les dominantes de direction, de ton et de teinte seront appropriées au sujet qu'il veut traiter. »

. . . .

Le but de la technique des néo-impressionnistes étant donc d'obtenir un maximum de couleur et de lumière, que font-ils? Ecoutons Signac :

« Pour arriver à cet éclat lumineux et coloré, les néo-impressionnistes n'usent que de couleurs pures se rapprochant, autant que la matière peut se rapprocher de la lumière, des couleurs du prisme.

« De ces couleurs pures, ils respecteront toujours la pureté, se gardant bien de les souiller en les mélangeant sur la palette (sauf évidemment avec du blanc et entre voisines, pour obtenir toutes les teintes du prisme et tous leurs tons); ils les juxtaposeront en touches nettes et de petite dimension, et, par le jeu du mélange optique, obtiendront la résultante cherchée, avec cet avantage que, tandis que tout mélange pigmentaire tend, non seulement à s'obscurcir, mais aussi à se décolorer, tout mélange optique tend vers la clarté et l'éclat. »

. . . .

Dans les pages suivantes, Signac s'appuyant sur Delacroix qui a prolixement écrit sur l'art de peindre, — Signac note un grand nombre de remarques qu'il est indispensable de lire tout au long, si l'on tient à connaître quelques principes des lois de la couleur.

Puis, après avoir attentivement noté le magnifique apport de Delacroix, en tant que coloriste, il nous détaille l'apport des Impressionnistes : Renoir, Monet, Pissarro, Guillau-

PHOTO-DRUET

LA " MARIA "   HONFLEUR

min, Sisley et de leur précurseur Jongkind.

Apparaissent ensuite les Néo-Impressionnistes. Le chapitre que Signac leur consacre est
particulièrement persuasif, puisqu'il s'agit, pour
Signac, d'un plaidoyer *pro domo sua*. Il développe les points suivants : *Usage exclusif des
teintes pures et du mélange optique. — La division : elle garantit un éclat maximum et une harmonie intégrale. — Il s'agit de technique et non
de talent. — Le néo-impressionniste procède de
Delacroix et des Impressionnistes. — La communauté de technique laisse libres les individualités.*

Signac écrit:

« C'est, en 1886, à la dernière des expositions
du groupe impressionniste, que, pour la première fois, apparaissent des œuvres peintes uniquement avec des teintes pures, séparées, équi-
librées, et se mélangeant optiquement, selon une
méthode raisonnée.

« Georges Seurat, qui fut l'instaurateur de ce
progrès, montrait là le premier tableau divisé,
toile décisive qui témoignait d'ailleurs des plus
rares qualités de peintre : *Un Dimanche d'été à
la Grande-Jatte* ».

. . . .

Signac dit encore :

« Si des peintres, que spécialiserait mieux l'épithète *chromo-luminaristes*, ont adopté ce nom de *néo-impressionnistes*, ce ne fut pas pour flagorner le succès (Les Impressionnistes étaient encore en pleine lutte), mais pour rendre hommage à l'effort de précurseurs et marquer, sous la divergence des procédés, la communauté du but : la *lumière* et la *couleur*. C'est dans ce sens que doit être entendu ce mot *néo-impressionnistes*, car la technique qu'emploient ces peintres n'a rien d'impressionniste ; autant celle de leurs devanciers est d'instinct et d'instantanéité, autant la leur est de réflexion et de permanence ».

Il faut lire les chapitres qui suivent. Personne mieux que Signac ne pourrait expliquer la doctrine néo-impressionniste. J'ai écrit tout à l'heure plaidoyer *pro domo sua*. Certes, mais plaidoyer lucide, compréhensif, plein d'aperçus neufs et d'arguments entraînants. Lisez plutôt ces en-tête de chapitres :

La touche divisée des néo-impressionnistes permet seule le mélange optique, la pureté et la proportion. — La hachure de Delacroix, la virgule des Impressionnistes, la touche divisée, moyens conventionnels identiques ; pourquoi admettre les deux premiers et non le troisième? Il n'est pas plus gênant et offre des avantages sur les deux autres.

« Oui, termine Signac, le néo-impressionnisme, par la suppression de tout mélange sali, *par l'emploi exclusif du mélange* optique des couleurs pures, par une division méthodique et l'observation de la théorie scientifique des couleurs, garantit un maximum de luminosité, de coloration et d'harmonie, qui n'avait pas encore été atteint ».

Sans doute, aujourd'hui, ce « procédé » nous paraît périmé ; sans doute, nous trouvons blâmable qu'il soit appliqué partout, avec la même rigueur : qu'il s'agisse d'un paysage réclamant le « maximum de luminosité » — ou d'un paysage froid, hostile, battu par les embruns et par les pluies. Mais ne convenait-il pas qu'il fût appliqué dans toute sa franchise scientifique — et pendant un temps assez durable pour prendre son rang dans l'histoire des recherches de la peinture?... De tous les peintres néo-impressionnistes, Paul Signac est, sans conteste, celui qui s'entête le plus à prolonger l'existence du « procédé » en question. Soit! mais ainsi c'est son œuvre qui marquera le plus tout un moment d'une quasi-totale révélation de la couleur!...

V

Troisième période de l'œuvre de Seurat ou " La division "

TROISIÈME PÉRIODE DE L'ŒUVRE
DE SEURAT
OU " LA DIVISION "

Seurat va multiplier ses études. Il va s'efforcer de plus en plus d'atteindre ce maximum de lumière et de couleur, but de toutes ses recherches. Sans doute, *La Baignade* fixe une étape illustre ; mais cette œuvre emprunte trop encore au passé. Cette grande toile est trop « balayée » ; et elle est assourdie par le tenace emploi des ocres.

Il faut décidément répudier ces couleurs terreuses, qui ne donnent nullement la lumière, même si l'on écoute les manuels consacrés à l'art de peindre.

Cela, c'est un premier point à obtenir aisément. Toutefois, les nouvelles études sur planchettes de boîte à pouce restent frottées, balayées. Telle *La périssoire (1884)*.

Et pourtant, Seurat ne veut, à aucun prix, pour une autre grande toile, reprendre la manière qui lui a permis de peindre *La Baignade*. Il faut qu'il en trouve une autre. Presque tous les jours, maintenant, il travaille à l'île de la Grande-Jatte, où le spectacle des promeneurs, des canotiers, — surtout la cohue du dimanche — l'attire. Alors s'il peint *Un Dimanche d'été à la Grande-Jatte*, la nouvelle et importante toile à laquelle il rêve, il faut que ce soit d'une façon toute différente.

En attendant, les études s'ajoutent aux études. Pour ne pas être pris de court, Seurat peint le terrain, des promeneurs, l'eau, le ciel, le pont là-bas; et, tous ces éléments, il les placera dans son nouveau grand tableau, comme on place ses amis à table, le jour de son mariage. Bientôt, il a tout un stock de ces charmantes petites études, rayonnantes de lumière et d'ombre, d'harmonie et de rythme.

Il a dessiné et peint — combien de fois! — des promeneuses à la mode si godiche de ce temps-là, des promeneurs non moins affligés d'un haut de forme, des canotiers à la toque de jockey, des soldats, des fillettes, des chiens et

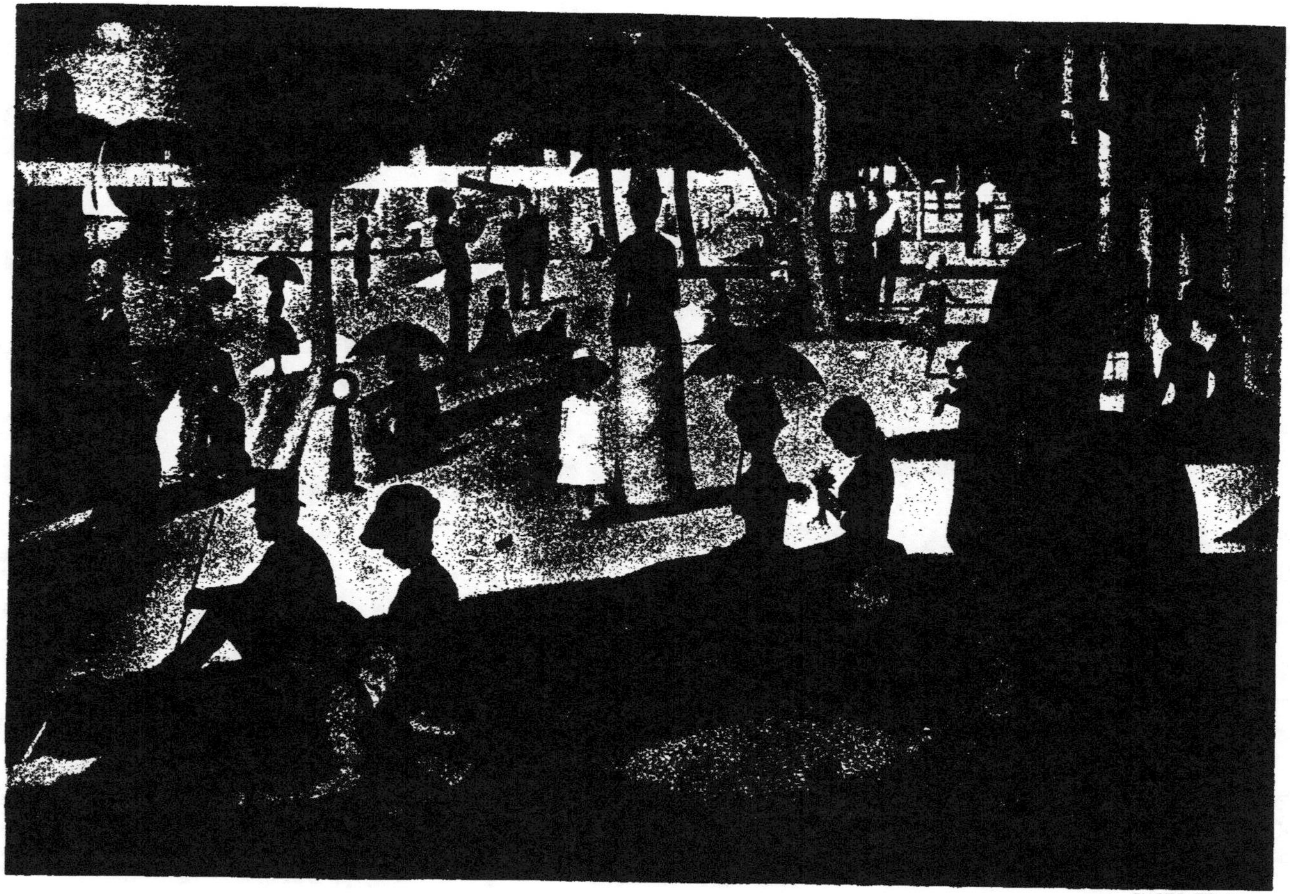

UN DIMANCHE D'ÉTÉ, A LA GRANDE-JATTE

des singes! Il a mis tout cela devant l'eau sur laquelle des voiles se gonflent, sous des arbres dont les troncs ont une absolue rondeur. Pour arriver à cette composition grave, où, seule, une fillette lève la jambe derrière un cerceau; — où, seul, un roquet s'élance sur trois pattes, il a peint maintes études, dans le style rasséréné et si noble qui est le sien. Il a sculpté comme en bois — oserai-je dire! — des dizaines de femmes et d'hommes qu'il a placées dans du soleil et dans de l'ombre. Il est parvenu à une synthèse incroyable — et si excellemment disciplinée toutefois — que semble régler l'homme qui souffle dans du cuivre, sous les arbres. Rien n'est en mouvement; rien n'est en déséquilibre. Tous ces personnages sont figés dans l'armature sèche de leurs vêtements apprêtés. Les ombrelles et les cannes sont rigides. Un air de musique — et tout va girer, va tourner en mesure glacialement — dans le soleil pourtant ardemment chaud et lumineux; — et cela, quelle gageure! — constitue une extraordinaire toile dans l'histoire de la peinture.

Par quel miracle, exactement?

Je vois d'abord un dessin absolument linéaire, affirmant volontairement — et impérieusement — toute forme. Toute la composition est écrite, bien écrite ainsi. Toutes les lettres, même aux toutes dernières pages là-bas, sont formées, gravées. Aucun subterfuge pour masquer une hésitation, une incertitude orthographique.

Je vois une mise en page accomplie des personnages de façon à leur éviter un heurt, toute bousculade. Chacun peut tourner en rond, sur place, sans gêner son voisin. Je vois des gens assis paisiblement, d'autres debout aussi confiants : idée complète du bonheur, de la tranquillité en ce jour de félicité dominicale. Je vois des personnages isolés, d'autres parlant par deux, — ainsi s'affirment toute liberté et toute indépendance.

Je vois un dosage merveilleux de la lumière, une répartition approfondie de l'ombre. Je vois des ombres vives, des blancs de soleil, et des colorations nuancées jusqu'à la plus extrême sensibilité.

Je vois des arbres dont le feuillage est menu, serré comme une toison.

Je vois que tout est précis et se tient dans des

vêtements ajustés. La queue du singe est elle-même un cercle parfait. Nous sommes ici en pleine géométrie. Cette toile est unique.

Seurat, encore, la commença en « balayant », mais d'efforts en efforts, de recherches en recherches, il arriva à ce que l'on a appelé, dans le chapitre précédent, la « touche diviése ». Voilà la forte découverte du peintre.

Grâce à elle, il reste un inflexible dessinateur au travers du poudroiement de la lumière. *Un Dimanche d'été à la Grande-Jatte*, voilà à coup sûr le chef-d'œuvre de Seurat et l'affirmation la plus complète de la « touche divisée ».

Dans *La Seine à Courbevoie*, de la même époque, (1885) il y a encore des touches « balayées ». Quand Seurat a voulu plus de soleil, dans ses coteaux, il a employé la « touche divisée ». Dans ce paysage de berge, d'eau, d'arbres et de colline feuillue, quelle lumière blonde, dorée, chaude, derrière deux troncs d'arbres foncés qui assoient et fixent le premier plan, où une femme se tient droite, tandis que son minuscule roquet galope, sans avoir l'air d'avancer !

Il est bien succinct encore, ce paysage, et,

pourtant, tel qu'il se présente, c'est un enchantement. Comme les maisons sur la colline sont paisibles et confites en leur bien-être ! Comme cette œuvre est pleine de repos et d'immobilité confiante !

Désormais, quelle sérénité il y aura, éparse, dans toutes les œuvres « divisées » de Seurat !

Voyez par exemple, *La rade de Grandcamp.* Mer toujours apaisée; voiles dormantes, broussailles au premier plan, du ciel. Nul drame, jamais ! Une émouvante joie par la « matérialité » aimée des choses. Que peut-il se passer ici ? Rien. Voilà du bonheur assuré. Des voiles blanches arrêtées pour l'éternité radieuse du temps...

Voyez *Le Fort Samson, à Grandcamp;* voyez *L'entrée du port de Honfleur.* Quelles merveilles, toujours ! Ces fortes années 1885 et 1886, dans la production de Seurat.

Voici *La « Maria », à Honfleur.* Un portrait de paquebot à quai, des hangars, des mâts, des cordages, des canons enfoncés par la gueule pour servir d'amarres ; tout cela géométriquement établi, solide, mais dans le poudroiement de la lumière, des contrastes posés.

Coin d'un bassin à Honfleur. — Un bout de quai, un canon d'amarre, deux proues de bateaux, des mâts, des cheminées, de l'eau, une ancre — et des cordages qui ont tant de signification par leur agencement raisonnable, par leur espèce de confusion organisée!.....

Voici *l'hospice et le phare à Honfleur.* — Un coin de mer, le sable, l'hospice sombre, le phare en avant comme une colonne votive, un tréteau à contre-jour, sec, au premier plan. Quelle grandeur — et quel morne hospice avec ses fenêtres régulières!

Ce que ce tableau peut donner! Ce tréteau, implacable figure géométrique, sans grâce intrinsèque, sur ce sable, ce sable qui contient toute la lumière du monde; — ce sable qui porte là-bas un côté de barque, un segment de roue; — ce sable qui n'est qu'à Seurat et dont il étale un grand pan ensoleillé devant l'ombre du triste hospice; — ce sable plus chaud, plus lumineux que le ciel lui-même.... Et toujours le strict, le simple, le rudimentaire d'un tel sujet, qui porte en lui une telle gageure de faire un si grand spectacle avec du rien..., avec quelques accessoires abandonnés, quelques bâtisses d'un humble coin du pays!....

Et c'est *Le Pont de Courbevoie*; et c'est *Port-en-Bessin, un dimanche* (1888).

De ce dernier tableau, le silence, l'immobilité encore, la joie graphique seulement décelée par quelques drapeaux et oriflammes accrochés au haut des mâts de quelques barques. Des maisons, des quais, de l'eau, du ciel, aussi en paix, tout cela, ainsi que la lourde barrière à contre-jour, qui barre tout le premier plan — et blanchit encore les maçonneries offertes au soleil. Quelle quiétude de ce dimanche!

Et voici d'autres miracles de la « touche divisée » — Seurat est en pleine production —; voici *Le chenal de Gravelines, petit fort Philippe* (1890). Toujours *ses* sables, un coin de mer, une cabane, du ciel. Toujours en plein repos; et, toujours *son* plan de soleil, de lumière plus vive, dans l'ombre colorée du reste.

Toujours les tableaux de Seurat sont bien des enfants à lui. Nulle défaillance. D'un bout à l'autre, du commencement à la fin, le tableau est créé par le peintre. Tout y naît de sa dialectique, de sa volonté. La raison supplée à la fougue; l'ordre géométrique au résultat parfois heureux du hasard. Ici, pas une ligne, pas un point, rien en dehors de la volonté d'apparence la plus froide et la plus calculée. Rien d'accidentel ne vient sous le pinceau. Il est entièrement soumis, rompu à toute obéissance. Pas d'ivresse, de la patience! Pas d'emportement, du calme, toujours du calme! Seurat pousse le raisonnement jusqu'aux bornes de l'ennui, de la monotonie, si j'ose dire! C'est un acrobate qui jongle avec tout ce qu'il y a de plus sévère. Il explique son tableau toujours d'avance. C'est un cérébral impénétrable, d'aspect, semble-t-il, fermé à toute sensibilité, à toute émotion. Ses tableaux sont pour lui autant de devoirs, autant d'acheminements vers la plus totale glorification de la sagesse picturale. Il révère l'immobilité; il hait le mouvement. Il bâtit ses sujets en épures.

On le verra réaliser ces tours de force-là en les mettant même au service d'êtres vivants. Il assujettit la couleur comme il a assujetti le dessin. Tout chez lui passe par des théories formulées d'avance et si exactement souveraines dans son esprit, qu'il se fâche un peu, que son visage grave et doux se colore quand on les veut attaquer. Lui, Seurat, il est, indéniablement, une sorte de phénomène; mais il ne sera pas un isolé, comme Vincent Van Gogh; il aura des disciples... lointainement. Résumer, synthétiser, produire un maximum de lumière et de couleur, c'est un enseignement qu'il accordera à tous, libéralement. La faute, la grave faute, ce serait de l'imiter, en suivant tous ses pas...

Voyez encore *Le chenal de Gravelines, un soir* (1890). — Une bande d'ombre, une bande de lumière, une barque, des maisons, du ciel brillant. Au premier plan, sur la bande d'ombre, deux ancres, un poteau de bec de gaz, cela en touches foncées, — et c'est tout!

Une telle carence vous déconcerte. Il faut, décidément, en parlant des toiles de Seurat, écrire sèchement, « géométriquement »; il faudrait pouvoir employer des mots à forme de chiffres. Quand on songe à l'exaltation de presque tous les autres peintres — les plus dénués ont des emballements! — on reste perplexe devant une telle rigueur, devant une telle simplicité, une si absolue indigence de détails, un éloignement si têtu de toute anecdote!... Et que le génie de Seurat se soit toujours maintenu dans

PHOTO-DRUET

PORT - EN - BESSIN . UN DIMANCHE

une telle prison de fer, c'est presque — si on osait le dire! — un cas de folie. Oui, une production d'homme qui peint sans savoir — à ne pas même s'en douter! — qu'il y a d'autres peintres à son époque même, qu'il y en a aussi d'autres antérieurement. Or, celui-ci, Seurat, bien au contraire, s'est cultivé; il a regardé des centaines de gravures; il a lu je ne sais combien de livres sur la couleur, la lumière; il a vu, il a retenu, il sait; — et, sans un instant, sans une minute d'hésitation, il produit cette œuvre-là, son œuvre à lui, dans laquelle il a l'air d'avoir tout inventé; et il ne s'y ariéte pas; il se montre tel qu'un infatigable producteur, travaillant le jour, la nuit, s'épuisant en un mot, dans sa volonté faite!... Oui, vraiment, quelle extraordinaire gageure!

En 1887-1888, Seurat peint *Les Poseuses*. Ces trois femmes nues, deux assises, une debout — sont d'autres éléments représentatifs de calme.

Elles sont fortement dessinées encore, dans le rayonnement, dans le poudroiement de la touche divisée. La lumière s'accroche à la chair, à la blancheur d'un linge. Ce sont trois statues à allure classique; mais trois statues qui ont une vie ardente. La jeunesse et l'éclat de la chair s'épanouissent sur ces dos, ces ventres, ces épaules et ces cuisses.

Il nous reste — en en oubliant tant d'autres ! — à parler de trois grands tableaux : *Le Chahut*, *Le Cirque*, *Parade de Cirque*.

Le Chahut (1889-1890). — Ici, Seurat a été contraint de donner une apparence de mouvement. Il l'a fait, en dessinant parallèlement les jambes posées des danseurs et des danseuses. Il a rythmé cet ensemble comme un bas-relief. Il a réduit au minimum un mouvement bousculé, violent, qu'il a vu mené par deux danseuses et deux danseurs (il a fait disparaître le quatrième personnage à droite, en le coupant nettement). Il a, dans ce tableau, davantage affirmé les formes. En réalité, ces danseurs sont figés, comme l'est le violoncelliste vu de dos au premier plan, — comme l'est le chef d'orchestre qui lève sa baguette, — comme l'est le spectateur dont on aperçoit le profil ahuri.

Dans cette toile rien de flou. Il semble que Seurat se soit méfié en voulant représenter une danse à caractère échevelé. Il a voulu rester tellement insensible qu'il a, pour bien dire,

« glacé » le mouvement, qu'il l'a bridé en une sorte d'armature. On peut compter les plis des jupes des danseuses. La « touche divisée » s'est faite plus sèche, plus serrée. Les physionomies sont aussi de l'ordre le plus inattendu ; elles sont d'une niaiserie qui touche au paroxysme, et la distinction, cependant — singulier paradoxe pictural — en est unique !...

Le Cirque (1890-1891). — Le mouvement du cheval blanc qui galope, celui du clown qui se retourne en saut périlleux, sont plus violents que dans le tableau du *Chahut* ; mais le dessin reste très précis ; la chambrière elle-même, tenue par l'écuyer, dessine, sur le sol, des replis de tige d'acier. L'écuyère bondissante est fixée dans un équilibre instable. L'écuyer, le buste d'un autre clown au premier plan, sont franchement « découpés ».

Le travail de la « touche divisée » donne, encore, ici, une inflexible certitude. Les spectateurs sont dessinés en bonshommes de jeu de massacre ; et cela est d'une observation rigoureusement vraie...

Parade de Cirque (1887-1888). — Nous sommes en plein air. La synthèse de ce tableau est complète. L'homme qui joue du trombone a la noblesse d'un personnage de Vélazquez. Combien de dessins fit Seurat pour atteindre à cette composition d'un essentiel unique ! L'arbre grêle, à gauche, n'est-il pas, lui aussi, un personnage ? Et les spectateurs, les auditeurs, rangés, bien sages, sous la lumière des flammes du gaz !...

Dans ce tableau, s'affirme la volonté absolue d'avoir — par les lignes verticales bien verticales, par les lignes horizontales bien horizontales — un état d'équilibre porté à l'extrême limite. Rien ne danse, rien n'oscille. Tout s'installe, haut et bas, à angle droit.

Dans toutes ses toiles — toutes furent peintes à l'atelier — Seurat corrige ainsi ce qu'il a vu : en particulier, en cette occurrence, le bancroche et le guingois des attractions de la foire ; lesquelles, à force d'être montées et démontées, perdent toute sagesse et deviennent vite des bougresses mal tenues, dont les lignes horizontales se relèvent ou s'abaissent outrageusement...

Ces trois merveilleux tableaux : *Le Cirque, Parade de Cirque, Le Chahut*, quelle suite rapide à *Un Dimanche d'été à la Grande-Jatte* !... Puis la mort si prompte !...

VI

La méthode de Seurat

LA MÉTHODE DE SEURAT

Sa méthode!... (à laquelle nous avons déjà fait si souvent allusion!...) *Sa* méthode, Seurat y tenait — et il en parlait à tout propos. Rien ne lui était plus agréable que de trouver un écouteur de bonne volonté, qu'il laissait généralement troublé par ses explications.

Ce fut le cas de *son* biographe Jules Christophe, qui, ne parvenant pas à comprendre, demanda à Seurat de rédiger lui-même les principaux points de cette méthode.

Seurat, de fort bonne grâce, s'exécuta dans cette lettre adressée d'abord à Maurice Beaubourg, son confident :

« Pour finir, écrit Seurat, je vais vous dire la note esthétique et technique qui termine le travail de M. Christophe et qui vient de moi. *Je la modifie un peu, n'ayant pas été bien compris par l'imprimeur* » (sic).

« ESTHÉTIQUE :

« L'art, c'est l'harmonie.

« L'harmonie, c'est l'analogie des contraires, l'analogie des semblables, de *ton*, de *teinte*, de *ligne*, considérés par la dominante et sous l'influence d'un éclairage en combinaisons gaies, calmes ou tristes.

« Les contraires, ce sont :

« Pour le ton, un plus { lumineux / clair } pour un plus sombre.

« Pour la teinte, les complémentaires, c'est-à-dire un certain rouge opposé à sa complémentaire, etc. (rouge-vert ; orangé-bleu ; jaune-violet).

« Pour la ligne, celles faisant un angle droit.

« La gaîté de *ton*, c'est la dominante lumineuse ; de *teinte*, la dominante chaude ; de *ligne*, les lignes au-dessus de l'horizontale.

« Le calme du ton, c'est l'égalité du sombre et du clair ; de teinte, du chaud et du froid, et l'horizontale pour la ligne.

LES POSEUSES

« Le triste du ton, c'est la dominante froide, et de ligne, les directions abaissées.

« TECHNIQUE :

« Étant admis les phénomènes de la durée de l'impression lumineuse sur la rétine.

« La synthèse s'impose comme résultante. Le moyen d'expression est le mélange optique des tons, des teintes (de localités et de la couleur éclairante, soleil, lampe à pétrole, gaz, etc.), c'est-à-dire des lumières et de leurs réactions (ombres) suivant les lois du *contraste* de la dégradation, de l'irradiation.

« Le cadre est dans l'harmonie opposée à celle des tons, des teintes et des lignes du tableau. »

Ce sont ces explications que Jules Christophe résuma en écrivant : « Seurat est en possession, aujourd'hui, d'un système lumineux. C'est logique, trop peut-être! (*sic*) »

De son côté, Angrand me disait un jour :

« A la vérité, Seurat, féru de sa méthode, n'avait pas besoin de sujet. Il lui suffisait de

partir de la nature pour — à travers sa subtile
et savante pratique — atteindre la plus origi-
nale expression. Tenez, je me promenais un
jour vers Saône-Saint-Just quand spontané-
ment à la vue de la toute petite gare qu'on
venait d'y planter — j'eus l'obsession de
Seurat. Certains aspects vous font ainsi penser
aux artistes qui plus particulièrement les pour-
raient illustrer.

« Cette gare de Saint-Just, il en eût fait un
chef-d'œuvre — c'est pourtant une pauvre
chose, — mais il était si attentif, si respectueux
devant la nature — une pierre de quai, un buis-
son sur un fond simple, il ne lui en fallait
pas plus pour intéresser, sachant de toute surface faire nuances. Il se passait de l'agrément
superficiel des choses, — à ce titre il se montrait un classique. Dans sa peinture point
d'intervalles, toujours des tons qui se succè-
dent ; — des ciels, ses sols crayeux qui semblent unis sont au contraire variés miraculeu-
sement jusqu'à l'évanouissement des teintes. —
Il concevait par la nuance, — prenait des
motifs parmi ceux qu'il préjugeait les mieux
propres à ses dégradés. *Toujours il pensait à*

sa méthode. Son art était direct, objectif, mais sur le champ sa sensibilité transmuait les choses. — Par sa pâte grasse en dessous, délicatement diverse à la surface, il a souvent réalisé une matière à la Chardin... Bien entendu, en vous faisant ces réflexions sans lien, je pense à ses bons morceaux... »

VII

Les disciples

LES DISCIPLES

Paul Signac fut, dès la première heure, plutôt un « collaborateur » qu'un disciple de Seurat. Sans doute, au début, il peignit des toiles nettement « pointillistes » (qu'il me pardonne ce mot que tout le monde entend !); mais il ne tarda pas à se servir de touches plus larges, rappelant le procédé de la mosaïque, recommandé par Ruskin. D'ailleurs, les principes du néo-impressionnisme restaient saufs : mélange optique, rejet systématique des noirs, des ocres, etc., etc.....

Jusqu'à ce jour, que de toiles ensoleillées, Signac a ainsi signées. Et grâce à son « procédé », il peut retrouver, lui, ses toiles telles qu'il les a peintes. Les colorations sont restées vives, fraîches ; aucun mauvais voisinage n'en a terni l'éclat et la somptuosité. Les toiles peintes, il y a tant d'années, à Antibes, à Nice, à Saint-

Tropez, à Cannes, s'offrent les mêmes à nos yeux émerveillés; et, pourtant, que de roses légers, que de verts tendres, que de jaunes, que de bleus, détachés de cette palette enchantée!

Parmi les autres néo-impressionnistes, disciples de Seurat, on compta ou l'on compte Camille Pissarro, Charles Angrand, Henri-Edmond Cross, Dubois-Pillet, Luce, Petitjean, Lucie Cousturier, Théo van Rysselberghe etc., etc. Ceux-là furent ou restent des disciples de Seurat.

Feu Camille Pissarro, à vrai dire, ne fut qu'un intermittent « disciple ». Esprit curieux de toutes choses, le vieux maître essaya du pointillisme, mais il ne s'y soumit point.

Feu Dubois-Pillet, au contraire, « pointilla » ardemment, ainsi que feu Cross, le peintre des nus accrochés dans les arbres-parasols. Petitjean, le peintre des nymphes du parc de Montsouris, — Luce, le peintre des violets « syndiqués », demeurent de farouches soutiens de la « touche divisée ».

Madame Lucie Cousturier, elle, est bien trop ondoyante pour s'en tenir à un « procédé », quel qu'il soit.

L'HOSPICE ET LE PHARE, A HONFLEUR

Pour le moment, elle court la terre africaine, d'où elle nous rapporte de merveilleux livres, tout pleins de couleurs et de parfums.

Charles Angrand, a « élargi » son style, a développé ses rares qualités de peintre.

Seul, M. Théo van Rysselberghe reste opiniâtrement attaché à son pointillisme serré, têtu, constipé, sur tôle d'acier.

D'autres peintres, assurément, tâtèrent du pointillisme : Paul Gauguin, Vincent van Gogh, parmi les disparus ; — Henri-Matisse, André Derain, Metzinger, etc., entre ceux que l'on appelle encore des *jeunes!*

Il y eut même les sournois : M. Le Sidaner, et surtout M. Henri Martin, peintre officiel, paré de toutes les médiocrités. Rappelez-vous sa *Fête de la Fédération* (1889); ou plutôt, non, ne vous rappelez rien. Paix à cette peinture d'Achères!

En ce moment, ce sont surtout « les constructeurs » qui se recommandent de Seurat.

Or, quels sont les noms de ces constructeurs? Je ne sais pas; ils sont trop! Les jeunes peintres-constructeurs aujourd'hui pullulent. Ils veulent tous être des constructeurs! Cela veut dire, je pense, qu'ils peignent *solidement*, les bougres. Ah! mais!... Aux vieilles lunes, les Impressionnistes, les Symbolistes, les Naturalistes!... Maintenant, il s'agit d'être sérieux, de tracer des verticales, des horizontales, des diagonales, des angles, des triangles, des polyèdres et des dodécaèdres, que sais-je? il faut *construire*, puisqu'on est des constructeurs! Une poire, un couteau, une pompe à feu, un boisseau de pommes, nous construisons tout cela, clament les constructeurs, sous peine de ne pas être! Nous sculptons le pain d'épice, la noix de coco, le chocolat, c'est nous qui sommes les constructeurs!.....

Ah! c'était bien la peine, ô Seurat, d'avoir tant recherché la « netteté » pour engendrer de tels nigauds qui se recommandent de toi, ô Prince de la lumière et du style!

APPENDICE

NOMENCLATURE
DE QUELQUES ŒUVRES DE SEURAT

PEINTURE

1881. *La haie.*
Petit homme au parapet.
Enfant assis, esquisse.
Enfant,   —
Etc.

1882. *Berge herbue.*
Paysanne assise dans l'herbe.
Banlieue.
Maison dans un paysage.
Sous-Bois.
Ruines des Tuileries.
Petit paysan en bleu.
Couchant.
Paysage.
Etc.

1883. *La Seine à Asnières.*
Les deux rives.
Pêcheur sur bateau amarré.
Vers le bourg.
Homme peignant son bateau.
Les usines.
Etude pour la Baignade.
Etc.

1884. *La Baignade.*
Usines.
Une périssoire.
Couseuse.
Le tas de pierres.
Angle d'une maison.
Rue Saint-Vincent, printemps.
La Seine à la Grande-Jatte.
Casseurs de pierres au Raincy.
Pêcheurs.
Etc.

1885. *La Seine à Courbevoie.*
La rade de Grandcamp.
Le fort Samson, Grandcamp.
Mouillage   —
Echouage   —

Le Bec-du-Hoc, Grandcamp.
La rade.
Femmes.
Dans la rue.
Le goûter.
Champs.
Etc.

1886. *Un Dimanche d'été à la Grande-Jatte.*
Entrée du port de Honfleur.
La « Maria », Honfleur.
Coin d'un bassin —
L'hospice et le phare, Honfleur.
La luzerne à Saint-Denis.
Faubourg.
Marine, soleil couchant.
Marine, Honfleur.
Bout de la jetée, Honfleur.
Etc.

1887. *Le phare d'Honfleur.*
L'embouchure de la Seine.
Le pont de Courbevoie.
La grève du Bas-Butin.
Les Poseuses.
Poseuse de face.

Poseuse de profil.
Poseuse de dos.
Etc.

1888. *Parade de cirque.*
Port-en-Bessin, l'avant-port.
Port-en-Bessin, entrée de l'avant-port.
Au Concert-Européen.
A la Gaîté-Rochechouart.
Au Divan Japonais.
Forte chanteuse.
Dîneur.
Lecture
Balayeur.
Jeune fille.
Etc.

1889. *Le Crotoy, amont.*
Le Crotoy, aval.
Esquisses.
Etc.

1890. *Le Chahut.*
Jeune femme se poudrant.
Port-en-Bessin, un dimanche.
Les grues et la percée.
Temps gris, Grande-Jatte.

La tour Eiffel.
Arbres et bateaux.
Etc.

1891. *Le Cirque.*
La clairière.
Le chenal de Gravelines : direction de la
    mer.
Le chenal de Gravelines, un soir.
Etc.

DESSINS

1881. *L'invalide.*
Etc.

1882. *Fort de la halle.*
Etc.

1883. *Torse d'homme.*
Le dîneur.
Broderie.
Portrait d'Aman-Jean.
Etc....

1884. *La grille.*
Le manchon.

Au Concert-Européen.
Singes.
Etc.

1885. *Jeune fille.*
      La jeune fille à l'ombrelle.
      La nounou.
      Etc...

1886. *Banquistes.*
      Etc...

1887. *Poseuse de face.*
      Etc...

1888. *Diverses études.*

1889. *Portrait de Paul Alexis.*

1890. *Portrait de Paul Signac.*

DESSINS NON DATÉS

CRAYONS DE COULEUR

La pelouse.
Parade de danseuses.

Ballerine au chapeau blanc.
Répétition.

Noir et blanc

Nu, debout.
Chapeau, souliers, linge.
L'enfant blanc.
Jeune fille.
Le clipper.
L'estacade de Gravelines.
La lampe.
Au crépuscule.
Le tombereau.
Blé et arbre.
Le fourneau.
Les meules.
Femme en blanc et noir.
Un bras levé.
Place de la Concorde.
Le chat.
Garçonnet accroupi.
La grande route.
Portrait de la mère de Seurat.
Cheval.

Roses dans un vase.
Dîneur ou l'homme à la bouteille.
Femme lisant.
Paysans.
Homme assis.
Femme cousant.
Etc...

TABLE DES CHAPITRES

TABLE DES GRAVURES

St-Denis. — Imp. J. DARDAILLON.